语病百讲

李明洁 著

上海咬文嚼字文化传播有限公司
上海文化出版社

出版说明

"咬文嚼字文库"是一套开放性的丛书。它以语言文字的研究和运用为主要内容,由上海咬文嚼字文化传播有限公司策划并组织出版。"慧眼书系"是其中的一个系列,在具体写法上,大致分为四个板块:

一是病例。一题一例或数例,它们来之于现实语文生活,又有差错的典型性。

二是诊断。就错论错,一语中的。明确指出错在哪里,错误性质,以及如何修改。

三是辨析。在要害处说道理,要让人知其然,还要知其所以然。

四是链接。由点到面,融会贯通,由此及彼,举一反三。

这套丛书力求体现出三个特点:

一是内容的针对性。不拍脑袋,不想当然,不玩概念,一切从语文生活的实际出发。

二是经验的实用性。要把话说到位,揭示语言中隐藏的规律,概括出一目了然的要点,让人看了能懂,懂了会用,而且记忆深刻。

三是解析的学理性。从一字一词入手,又不拘泥于一字一词,巧妙贯串文字学、词汇学、语法学的知识,以使全书具有整体感。

这套丛书特别适合三类读者阅读:

一是媒体从业人员。书中大量病例,也许会让他们有似曾相识的感觉。希望媒体人都能有一双善于咬文嚼字的慧眼。

二是中学教师。书中深入浅出的解说,可以成为中学语文教材的有益补充,直接应用于课堂教学。

三是高校文科学生。一册在手,轻松阅读,有利于完善自己的知识结构,更能训练出文字敏感。

这套丛书在阅读过程中,很可能出现三种情况:

一是如鱼得水,如遇知友,疑问迎刃而解,思路豁然开朗。这正是我们所期待的。

二是不时遇到障碍,感觉枯燥乏味。这时您千万要坚持一下。语言毕竟是门科学,离不开钻研二字,但只要闯过这道关,便会渐入佳境,悟到其中的妙处。

三是脑子中出现了问号,您不一定赞同书中的观点。这是读书的最高境界。我们愿意和您做进一步的讨论。

啰里啰唆,就此打住。让我们开始读吧。

前言

所谓病句，就是指不合规范的句子。所谓规范，一是要符合语法的组合规则，二是要符合语义的搭配要求，三是要符合语用的表达习惯。寻找产生病句的原因，需要涉及语法、语义和语用等多个层面。

病句作为一种反例，能够比较直观地反映所谓"语言规范"的具体要求。我们从100种典型的病例入手，来分析病句产生的原因、归纳病句的主要类型并探究病句修改的策略。

一、语法病句

语法病句是没有满足语法合格性而形成的病句。当我们选择词语和句法规则组成语句时，必须按照语言系统所规定的方式来使用它们。

语法病句涉及的是语法方面的规范。语法就是语言的全部法则，只要有一种具体的规范没有得到满足，语句的正确性就会受到破坏，形成病句。一般认为，语法学包括词法学和句法学。前者研究词的构成、分类以及形态变化的规律；后者研究组词成句的规律。我们在讨论语法病句时主要关注的就是词法和句法方面的规范，因此，我们也把语法病句分为词法病句和句法病句两小类。

1. 词法病句

与词相关的语法规则主要涉及词性、词法功能和汉语特有的语法现象——量词。这些也就是我们在修改词法病句时需要特别关注的内容。对应的病句类型包括：词性误用、词法功能误用和数词、量词误用。

2. 句法病句

句法的要求细致繁多，我们不妨以汉语的句法特点为着眼点来进行分析。

在汉语中，语序、虚词和结构都具有语法意义。因此，也就存在着三类对应的病句，前两类即语序错误和虚词误用。后一类结构型的错误则包括：成分残缺、结构纠缠和句式错误。在复句的范围内，还会出现关联词语的使用失误。

二、语义病句

语义病句是没有满足语义合理性而形成的病句。

合理，就是合乎逻辑。这类病句表面上看并没有明显的语法错误，但往往会出现逻辑问题，表现为相互搭配的成份在语义上不能贯通。

"搭配不当"是语义病句最典型的病因，包括：直接成分搭配不当和间接成分搭配不当。

三、语用病句

语用病句是没有满足语用有效性而形成的病句。

满足了语法合格性和语义合理性的句子，还要满足语境以及交际行为对它提出的要求。

　　语用规则所涉及的问题很多，但主要都是针对话语理解而言的。成功的交际都要符合"会话合作原则"，这个原则包括质量准则（话语提供的信息内容必须跟语境中的实际情况相一致）、数量准则（话语所含信息量与本次交谈所需信息量应该一致）、关联准则（话语之间以及话语与话题之间应该相互关联）和方式准则（话语的表达方式应该让受话者易于理解）。不满足其中任何一条的要求，都会造成理解的困难，从而形成病句。

　　由于违背方式准则而造成的方式病句最为复杂，包括：表述失当、肯定否定失当、歧义费解、指代失误、怪异无解等。

　　语用病句的修改要立足于意义的明朗化和理解的简便化。

　　本书依据上述的思路分为语法病句、语义病句和语用病句三章，每章又分为若干节，节下是具体的病句类型。

　　每一病句类型，先举例，再修正，并辨析病因。后附的"链接"部分是涉及该类病句的语言学常识，以便加深和拓展对相关问题的理解。

　　本书的主要参考文献包括：

　　房玉清，《实用汉语语法》，北京语言学院出版社，1992年1月版。

胡裕树，《现代汉语》，上海教育出版社，1995年6月版。

吕叔湘，《现代汉语八百词》，商务印书馆，1980年5月版。

吕叔湘、朱德熙，《语法修辞讲话》，中国青年出版社，1979年8月版。

邵敬敏，《现代汉语通论》，上海教育出版社，2001年6月版。

本书从语法、语义和语用三个层面来考虑病句问题，这主要是受到了复旦大学中文系刘大为教授以前的语言学讲义的启发。2008年首版后，华东师范大学语法学专家任芝瑛教授逐篇审校了全书。在本书编辑过程中，郝铭鉴先生不烦赐教。咬文嚼字讲习所多年来选用本书作为参考资料，在此过程中也得到了相关编辑老师和学员们的许多指正。谨致谢忱。

李明洁　2018年2月

目录

语法病句

词法病句

能"倒影"出"倩影"吗?	16
谁非常感动?	18
"屈服"与"征服"	20
大型市场是"很大型"的吗?	22
"忽然"与"突然"	24
啥时才有"即将的生活"?	26
"嫌疑"值得"怀疑"	28
技术骨干在干什么?	30
"你的控"是什么东西?	32
"非常蜡黄"的非常之处	34
极其麻烦的"极"	36
"个个"班级怎么依次退场?	38
怎么算出"平均年龄71岁左右"?	40
从三到九,"增加了三倍"?	42
桥是论"个"的吗?	44
"一座座山川"唱错了吧?	46
张艺谋能"拍一场电影"吗?	48

"人次"是"人"还是"次"？	50
可以"病一下"吗？	52
句法病句	
"有人陆续来"怎么来？	54
"在拉萨"应该放在哪儿？	56
"大衣"前面的多个定语	58
谁先谁后有讲究	60
"或者"还是"还是"	62
条件很多的"只有"和"只要"	64
"和""并"和"而"难分家	66
关于"关于"和"对于"	68
"对"，用对了吗？	70
当心这个"当"	72
与起点相关的"从"	74
不"比"不知道	76
"在……上"和"在……下"	78
表示持续的"着"	80
不可不甚了了的"了"	82
"过"的过错	84
"的"的有无	86
所谓"所"	88
"各位专家们"的问题	90
提问的语气	92
"催眠法有限"，是什么限？	94

"为了新中国"做什么？	96
"赛龙舟"如何保留？	98
举棋不定成杂糅	100
藕断丝连的句子	102
颇有讲究的"把"字句	104
"被"字句的诸多要求	106
"飘扬了"还是"飘扬着"？	108
把句子分开说	110
多说一句的规矩	112
猫头鹰作为益鸟的好处	114
"因为""因此"挤得慌	116
为什么"要后悔"？	118
"既"和"而且"不相容	120
"不仅"放在哪儿？	122
"再说都没有用"？	124

语义病句

直接成分搭配不当

向"香港输送发电量吗"？	126
"培养教练的水平"有点儿难	128
"浓厚的眉毛"有多厚？	130
"一声不响"怎么"告诉"？	132
可以打扫得"整整齐齐"吗？	134

一定要"有数" 136
间接成分搭配不当
"少数人"可以"都"同意吗? 138
不能单用的实词 140

语用病句

质量病句
又不是千手观音 142
麦片会有动物脂肪吗? 144
尸体居然还活着? 146
数量病句
昨天的门票如何"预订"? 148
帽子还可以戴在哪儿? 150
今言重复了古语 152
有必要再说一次吗? 154
过简也是错 156
话不说完急死人 158
关系病句
"看小说"与"成绩差"有关系吗? 160
"费解""误解"哪个更严重? 162
会动的古籍? 164
"生还的遇难者"? 166
烦人的牙周炎啊! 168

方式病句

什么可以"叹为观止"？	170
文言和白话的尴尬相遇	172
顾此失彼难周全	174
"流星"的命运	176
令人惊愕的"才达到五人"	178
丧命的到底是谁？	180
谁生了十七个？	182
好像外国人说汉语	184
"防止不再发生森林火灾"？	186
担心被大学录取？	188
谁不会见死不救呢？	190
"无时无刻都在等"是等还是不等？	192
"多半儿"的双重含义	194
谁偷偷存了钱？	196
她后悔的是什么？	198
小张为什么紧张？	200
一元钱和一万元之差	202
礼品送给谁？	204
在哪里借刀杀人？	206
躺在医院的是谁？	208
"这"和"那"	210
死而复活的作家	212
"病入膏肓"的病句	214

能"倒影"出"倩影"吗?

[病例] 1. 夏天的丽娃河上倒影着红白两色夹竹桃的倩影。
2. 孩子们的课业负担很重,很少有时间交友、远足、电脑游戏。

【诊断】

例1中的"倒影"应为"倒映"。例2中的"电脑游戏"的前面应加上"玩"。名词误用为动词。

【辨析】

"倩影"可以"倒影"出来吗?当然不行,"倩影"和"倒影"都有一个"影"字,它们都是一种影像,所以,"倒影"出"倩影"是不可能的。也就是说,名词误用为动词了。"倒影"是名词,不能带宾语,应该改为动词"倒映"。

例2中"很少有时间"的后面需要紧跟动词性成分,像"交友"和"远足"就符合要求。但是,"电脑游戏"是个名词词组,应该改为"玩电脑游戏"。当然,也可以把"电脑游戏"改为"游戏",语法上也行得通,不过这样的话,原句的意思就没能完整地表达出来。

链接:名词与动词的区别

区别名词和动词,主要可以用下面的三种方法:
1. 在前面加"不"

名词的前面不可以加"不",而动词可以。例如:不能说"不桌子""不水",因为"桌子"和"水"是名词;

但是可以说"不吃""不喜欢",因为"吃"和"喜欢"是动词。

2. 在前面加数量词组

名词前面可以加数量词组,而动词不可以。例如:可以说"一张桌子""一杯水",因为"桌子"和"水"是名词;但是不能说"一张吃""一杯喜欢",因为"吃"和"喜欢"是动词。

3. 在后面加"了"

名词的后面不可以加"了",而动词可以。例如:不能说"桌子了""水了",因为"桌子"和"水"是名词;但是可以说"吃了""喜欢了",因为"吃"和"喜欢"是动词。

还有两种情况需要注意:

有一些短语,如"人不人,鬼不鬼""一草一木",似乎不符合上面的第一条和第二条。但是这种情况仅限于成语或者熟语,用于对举式,带有文言色彩。

汉语里也有不少名词和动词兼类的词,在不同的语境中,体现为不同词性的特点。比如:"翻译"既可以是名词,可以说"一名翻译";又可以是动词,也可以说"翻译了一本外文书"。这类词语还有很多,如:病、漆、锁、网、领导、申请、工作、组织、生活。

谁非常"感动"？

[病例] 1. 这是一部非常感动的小说，已经被改编成话剧、电影等多种形式。
2. 他垂手站在教练的旁边，绯红着脸，一声不吭。

【诊断】

例1中的"感动"应为"感人"。例2中的"绯红"应为"涨红"。动词和形容词误用。

【辨析】

"感动"是表示心理状态及其变化的心理动词，可以说"我很感动"，也可以说"这本小说感动了我"。但是，"小说非常感动"的说法却是不能成立的。只能将"感动"换成形容词"感人"，说成"小说非常感人"。因此，也只能说"这是一部非常感人的小说"。因为"小说感人"，所以"读者"才被"感动"，而不是"小说"被"感动"了。

"绯红"就是"鲜红"的意思，是一个典型的状态形容词。状态形容词的后面不可以加"着"，因为"着"是用来表示延续的状态的，前面必须用动词。所以，要将"绯红"改为动词性的"涨红"。

上面两个病例都是由于动词和形容词误用造成的。动词包括及物动词、不及物动词和心理动词，它们都容易和形容词混淆。

链接:动词与形容词的差别

动词和形容词的相同点是都可以做谓语,它们的差别主要体现在以下两点:能否受副词"很"修饰、能否带宾语。具体体现为:

及物动词前面不可以加"很",后面可以带宾语。如:不能说"很吃",可以说"吃饭"。

不及物动词前面不可以加"很",后面不可以带宾语。如:不能说"很休息","休息"后面不可以有任何宾语。

心理动词前面可以加"很",后面可以带宾语。如:可以说"很喜欢",可以说"喜欢大海"。

形容词分为状态形容词和性质形容词。

状态形容词前面不可以加"很",后面不能带"着、了",不可以带宾语。如:不可以说"很绯红""绯红着""绯红了"。

性质形容词前面可以加"很",多数后面不可以带宾语,如:可以说"很干净",而"干净"后面不可以有任何宾语;有的性质形容词带"着、了"后可以带宾语,如:"红着脸""苦了孩子"。

上述两条标准必须同时起作用。如果单用"很"来鉴定,形容词和心理动词很难分开;如果单用带不带宾语来鉴定,形容词和不及物动词又分不开了。

"屈服"与"征服"

[病例] 1. 我们的民族是坚强的,不可屈服的。
2. 深夜的申江,满天繁星相映万家灯火,十分浪漫迷人。
3. 我要马上去充电手机,否则就没有办法和公司联系了。

【诊断】

例1中的"屈服"应为"征服"。例2中的第二个分句应改为"满天繁星与万家灯火交相辉映"。例3中的"充电手机"应为"给手机充电"。不及物动词误用为及物动词。

【辨析】

汉语里的动词按照能不能带宾语分为两类:可以带宾语的及物动词和不能带宾语的不及物动词。

例1中有一个"可"字结构,这种结构要求"可"字的后面要接及物动词。这是因为"可"字结构的作用相当于一个形容词,如"可爱"即"值得(可以)被喜爱的","可"后面的动词要有一个延及的对象。例1中的"屈服"是不及物动词,要改为及物动词"征服",说成"不可征服"。

例2中的"相映"是"互相映照"的意思,表明"映照"这种情况出现在作为动作主体的两项事物之间,因此就不可以再加宾语了。可改为"满天繁星与万家灯火相映",为了句子的音律和谐稳定,改为"满天繁星与万家灯火交相辉映"更好。

例3中的"充电"也是不及物动词,要用介词"给"

才可以引出"充电"的对象"手机",应说成"给手机充电",而不能直接说"充电手机"。

及物动词有时可以不带宾语,但是不及物动词无论何时都不能带宾语。上面病例中"屈服、相映、充电"都是不及物动词,都是不允许带宾语的。

链接:及物动词的小类

只要能带宾语的动词都是及物动词。

大多数的及物动词带的是受事宾语,即宾语是动词所示的行为动作的接受者,例如:"吃""教育"带上宾语,可以说成"吃水果""教育小孩儿"。

有的及物动词只能带施事宾语,即宾语是动词所示动作的发出者,例如:"来了三位客人"中的"来"和"跑了一只羊"中的"跑"。

还有的及物动词只能带处所宾语,即宾语表示的是动作发生的地点或者目的地,如:"大闹天宫"中的"闹"和"回老家"中的"回"。

语法病句 \ 词法病句

大型市场是"很大型"的吗?

[病例] 1. 城市边缘的批发市场多数都很大型。
2. 老爷爷很喜欢喝茶,他平时喝的龙井都是很特级的。

【诊断】

例 1 中的"大型"应为"大"。例 2 中的"很特级的"应为"特级的"。区别词误用为形容词。

【辨析】

凭借语感,我们会觉得"大型市场"可以说,而"市场很大型"似乎不行,而只能说"市场很大"。看来,"大型"和"大"的用法应该不尽相同。的确,"大"是我们常见的形容词,而"大型"则是相对特别一点儿的区别词。

区别词是一种区别类属的词,它单独使用时只能做定语,还可以和"的"字一起构成"的"字结构,不能做其他成分。像上面例子中的"大型"和"特级"都是区别词。改正过的句子中,"大"是形容词,可以受"很"修饰,作谓语。例 2 则有两种改法,要么把"很"删去,用"特级的"这个"的"字结构做"是"的谓语,要么将"特级"改为形容词"高级"。

区别词与形容词之所以容易混淆,是由于两者都可以做定语,都可以跟"的"构成"的"字结构。例如:可以说"大商场""大的",也可以说"大型商场"和"大型的"。而且,两者意思上也比较接近。比如,"大、小、长、短、优秀、恶劣"是形容词,而意思相似的"大型、小型、长期、短期、优等、劣等"却是区别词。

尽管意义上很接近，但是区别词和形容词的功能却有很大差别。形容词可以做谓语，还可以受"很、非常"等程度副词的修饰，而区别词则不能。例如，可以说"节目很长"，却不能说"节目很长期"。

链接：区别词的系列

区别词由于重在区别类属，所以往往是成对或者成系列的。它们在意义上互相应对，共同合作构成一个系统来形容某一或某些对象。

成对的区别词往往表示相对立而存在的类属，例如：男、女；荤、素；木本、草本；精装、简装；良性、恶性；中式、西式。

成系列的区别词则表示某个类属中的多个层次或者多种小类，例如：长期、短期、活期；上等、中等、下等；高档、中档、低档；超级、特级、高级、中级、初级。

当然，也有一些区别词是单独的，如：立体、现行、人造、流线型、综合性。

要小心的是，有些区别词的系列中可能会夹杂有形容词，如：超级、特级、高级、中级、初级。其中的"高级"就能充当形容词，可以说"很高级"。

"忽然"与"突然"

[病例] 1. 父亲的去世给他一个忽然的打击。
2. 在读大学的时候,我曾做过一度家庭教师,教外国人学习汉语。

【诊断】

例1中的"忽然"应为"突然"。例2中的"一度"应在"做过"的前面。副词误用为形容词。

【辨析】

"忽然的打击",可以这么说吗?答案是否定的。这里,副词"忽然"错用为形容词"突然"了。因为副词和形容词很容易混淆,所以这样的句子就会"错"不及防。这是由于副词和形容词都可以做状语,如:既可以说"忽然下雨了",也可以说"突然下雨了"。

区别的方式就是看这个词除了做状语之外,还能不能做别的成分。形容词除了做状语,还可以做谓语、做定语、受"很"的修饰,而副词则不行。当然,有些形容词,如"碧绿""绿油油"等都不能再受"很"修饰了,这时就需要其他两项特征来帮助我们认定它们的词性。例如,"突然"是形容词,可以说"突然的打击""很突然";而副词不可以作定语,不受"很"的修饰,不可以说"忽然的打击""很忽然"。

"一度"是副词,意思和"一次"差不多,但是用法不同。"一次"用在动词的后面,而"一度"用在动词之前。例2将"一度"放在"家庭教师"的前面,实际上是将它当成了

"家庭教师"的修饰语了,这样就把副词误用为形容词了。

链接:作为形容词和副词的同音词

汉语中有一些词语同形同音,但是意义完全不同,如"好、白、光、直、硬"等。它们既可以是形容词,又可以是副词,如:

1. 质量好/皮肤很白/马路直得很/瓷砖很硬(形容词)
2. 好热闹/白干了一天/他直叫唤/他硬不同意(副词)

在第一组例子中,这些词都是形容词,而在第二组中则是副词。从对应的例子中可以看出,这些词在意义上完全没有关联,并不是兼类词。我们把这类词叫作同音词,实质上就是两个意义不同的词语,只是写法和读音相同罢了。

语法病句 \ 词法病句

啥时才有"即将的生活"？

[病例] 1. 家里一下子出现了这么大的变故，即将的生活很难想象。
2. 预先的设计有问题，才会发生这样的情况。

【诊断】

例1中的"即将"应为"将来"。例2中的"预先"应为"原先"。时间副词误用为时间名词。

【辨析】

"即将的生活"是什么时候的生活？没有人知道。人们能想象的只能是"将来的生活"。"即将"和"将来"意思很接近，可是一个是时间副词，一个是时间名词。两者的用法大为不同。

在上面的例子中，"即将"和"预先"都是时间副词。副词只能做状语（比如"即将开始""预先设计"），不能做定语。所以，不可以说"即将的生活""预先的设计"。

然而，"将来"和"原先"是时间名词，可以做定语（比如"将来的生活""原先的设计"），可以做主语（比如"将来会更好""原先也不错"），做宾语（比如"对将来""在原先"），还可以加"的"构成"的"字结构（比如"将来的""原先的"）。

时间名词和时间副词由于都表示时间，都可以修饰动词（比如"原先考虑""预先考虑"），容易混淆。

链接：名词的特殊小类

名词中有三个特殊的小类：时间词、方位词和处所词。这三类词都有名词的一些特点，如可以跟介词构成介词结构（"在将来""在上海""在下面"），但是它们经常修饰动词，这是它们区别于一般名词的地方。

凡是表示时间，能用作"在""到"或"等到"的宾语的词是时间词。如"昨天、现在、平常、上星期、中秋节、唐朝、古代、以前"。表示时间的词未必都是时间词，上面谈到的时间副词，如"已经、起初、随时"等，虽然也表示时间，但是不能做"在""到"或"等到"的宾语，它们就不是时间名词。

方位词一般附着在其他名词的后面，表示处所。汉语有14个单纯方位词（上、下、左、右、前、后、里、外、东、西、南、北、中、内）。在单纯方位词的后面加"边"（如"上边"）、"面"（如"上面"）、"头"（如"上头"），或者在前面加"之"（如"之上"）、"以"（如"以上"）就可以构成合成方位词。另外，单纯方位词相互组合（如"东南、西北"）或者"边""面""头"和别的语素组合（如"这边、对面、那头"）也可以形成特殊方位词。

表示处所的名词和表示地名、机构的名词都是处所词。前者如"附近、远处、明处、周围"，后者如"亚洲、中国、天坛、邮局"。

方位词和处所词的语法特点基本相同。它们都能做"在""到"的宾语，都可以放到"到……去"的格式中。

语法病句 \ 词法病句

"嫌疑"值得"怀疑"

[病例] 1. 这些人当中，还没有发现特别值得嫌疑的对象。
2. 苹果丰收以后，果农们就开始讨论销售。
3. 在这些方案中，我主张第一套。

【诊断】

例1中的"嫌疑"应为"怀疑"。例2中的"销售"应为"怎么销售"。例3中的"第一套"应为"采用第一套"。非名词性宾语与名词性宾语误用。

【辨析】

我们在读第一个例句的时候，会觉得"值得嫌疑"有点儿别扭。对，我们通常是说"值得怀疑"。那为什么"值得"后面要说"怀疑"而不说"嫌疑"呢？

例句中的"主张"和"值得"属于谓宾动词，"讨论"属于兼宾动词。谓宾动词要求宾语一定是非名词性的动词（形容词）或者动词（形容词）短语。所以，例句3中"主张"的后面就要改为动词短语"采用第一套"，而例句1中"值得"后面就不可以是名词"嫌疑"而必须改为动词"怀疑"。

第二个例句很有代表性。这个例句中的"开始"和"讨论"都是兼宾动词，由于它们既可以带名词性宾语，又可以带非名词性宾语，所以这个病句的改法就有很多选择，如：果农们就开始讨论怎么销售、果农们就开始了销售的讨论、果农们就开始讨论销售的方法。

值得注意的是，尽管都是兼宾动词，但是"开始"和"讨论"还有细微的差别:"开始"可以带一般的动词,如"开始看",但往往带的宾语是兼类词,如上面例子中的"讨论"就是名词和动词的兼类词。所以,可以在前面加定语(如"开始热烈的讨论"),也可以在前面加状语(如"开始激烈地讨论");而"讨论"带非名词性宾语时有一个特别的要求,就是必须伴随着疑问代词,所以,不能说"讨论销售",而要说"讨论怎么销售""讨论如何销售""讨论用什么方式销售"等等。

最后需要强调的是,像例2、例3这样的句子在我们的口语中并不少见,大家也都听得懂。这是由于口语没有书面语那样严格的语法要求,可以有一些不妨碍理解的省略。但是,在书面语中这样的句子就属于病句了,因为汉语里的动词对于宾语的性质有着细致的要求,并不是随意搭配的。

链接: 名词性宾语与非名词性宾语

及物动词中,多数要求带名词性宾语,如"关心老人""喝饮料"。这类动词很常见,叫作"体宾动词"。

有些及物动词则要求带非名词性宾语,即带动词性和形容词性的宾语,像"主张"和"值得"都要带动词性宾语,这类动词就是谓宾动词。这类动词还有一些,比如:防止、认为、打算、禁止、进行、开展、严加、加以、觉得、渴望、感到、继续、结束。

少数及物动词既可以带名词性宾语,又可以带非名词性宾语,叫作兼宾动词。例如:喜欢、怕、研究、讨论、开始、停止。

语法病句 \ 词法病句

技术骨干在干什么？

[病例] 1.他是公司的技术骨干，去年革了好几个新。
2.政府职能部门要为老百姓服好务。

【诊断】

例1中的"革了好几个新"应为"多次革新工艺"。例2中的"服好务"应为"好好服务"。离合词误用。

【辨析】

如果例1没有前面的一句话给我们一些提示，我们还真不明白这位技术骨干究竟干了些什么。"革了好几个新"这个说法多么别扭费解啊。估计说话人把"革新"当成了一个"离合词"，所以就把它分开说了。

离合词从概念上讲，似乎应该看成词，因为它表达了一个比较固定完整的概念。用法上，常作为一个词使用，即两个字挨着出现（这是所谓的"合"式），但也可以拆开来不紧挨着出现（这是所谓的"离"式）。也就是说，合拢的时候是词，分离的时候是词组。例如"革命"和"革新"很像，但是"革命"是离合词，可以说"革旧时代的命""革他们的命"。

相对于"离合词"而言，汉语中大量的词语是不能离合使用的，比如"修辞、改善、得罪、抱歉"等等。例1中的"革新"和例2中的"服务"都不是离合词，"革了好几个新"和"服好务"这类说法都是不能成立的。

链接：汉语中的离合词

"昨天两个许久没有联系的朋友见了个面，吃了个饭，聊了几句天，然后就双方的误解道了个歉。"

上面这段话里的"见面、吃饭、聊天、道歉"都是离合词。离合词是指结构比较松散，可以拆开使用的词。例如：

洗澡——洗个热水澡　　　理发——理个短发
受气——受了一辈子的气　　避讳——避这个讳

离合词大多是支配式的双音节的复合词，也就是说，前面是动词语素，后面是名词语素，如"还嘴、返航、喘气、搬家"等等。

如上面的例子，离合词可以拆开使用，在中间插入其他的内容。在某些特殊的语境下，还可以调换词序，例如：

宝宝，见着老爷爷，好也不问一声吗？

这个例句中，离合词"问好"就调换了词序。这类离式常出现在口语中，表达随便的、幽默的、亲切的、无所谓的、轻佻的、不屑的语气和态度。一般正式的场合是不太使用的。

语法病句 \ 词法病句

"你的控"是什么东西？

[病例] 1. 你调你的控，我涨我的价。
2. 你保你的护，我看我的盗版。
3. 欲加之涨，何患无词？瞧，以保护消费者健康上网为由的涨价，不是堂而皇之地出台了吗？
4. 这个歌星不论演什么出，都只会演唱同样一首歌曲。

【诊断】

例1的前一分句应为"你调控你的"。例2应为"你保护你的"。例3中的"欲加之涨"应为"欲涨之价"。例4中"演什么出"应为"在哪儿演出"。动词变异不当。

【辨析】

汉语里绝对是没有"你的控""你的护"这样的说法的。"你+动词+你的+名词，我+动词+我的+名词"这样的对举句式常用来表示互不理睬的对立局面。不过，组成这个句式的"代词+动词+代词+的+名词"格式是有要求的，其中的动词或者动词短语的结构方式必须是动宾式的。

所谓"动宾式"就是构词或者是构成短语的两个成分之间必须是"动词+宾语"的关系，例如"涨价、看盗版"都是动宾式的，所以，"我涨我的价"和"我看我的盗版"都是可以说的。"调控、保护"则是联合式，所以不能说"你调你的控""你保你的护"。只能勉强改为"你调控你的""你保护你的"，但是这样的话，前后两个分句形式上的呼应又被打破了。

动宾式动词或者短语在口语中常常使用与上面的例子类似的变异格式,例如:

你做你的作业,哪来这么多的废话?

你就安安心心地看你的电视,别跑来跑去的。

例3显然套用了"欲加之罪,何患无词"的说法,但是"加"和"罪"可以构成动宾的关系,而"加"和"涨"之间却不行。只能换成同样是动宾关系的"涨价",然后变异为"欲涨之价"。

例4中"演什么出"也是联合式动词的不当变异,应该改为"在哪儿演出"。

链接:复合词的构词方式

汉语里由词根和词根构成的词叫复合词。复合词作为一个词一般内部不能扩展,只有离合词才可以。短语则一般都可以扩展。

复合词大致有五种类型,我们前面提到的是动宾式和联合式。动宾式即两个词根之间是支配与被支配的关系,如"带头、示威、司令、管家、播音"。联合式由两个意义相近、相反或者相关的语素组合而成,如"思想、眉目、开关、质量"。

另外三类分别是主谓式、偏正式和动补式。主谓式即两个词根之间是陈述与被陈述的关系,如"性急、年轻、胆怯"。偏正式两个词根之间是修饰与被修饰的关系,一般是前面的词根限制、修饰后面的词根,如"晚会、广场、草图、朗读"。动补式中后面一个词根作为一种结果状态补充说明前面一个动词性词根,如"放大、改正、提高、压缩、推动"。

语法病句 \ 词法病句

"非常蜡黄"的非常之处

[病例] 1. 他得了肝炎以后,脸色就非常蜡黄。
2. 我很喜欢喝酸梅汤,那种很酸溜溜的味道真是好极了。
3. 梅雨季节阴雨不断,极其雾蒙蒙的天气让人感觉不爽。

【诊断】

例1中的"非常"、例2中的"很"和例3中的"极其"应删去。状态形容词不能被再度修饰。

【辨析】

"非常蜡黄"真是一个非常规的用法,"蜡黄"要到什么程度才是"非常蜡黄",没有人知道。因为这样的说法是不存在的。我们不妨来分析一下上面的三个例句。

例1中的"蜡黄"、例2中的"酸溜溜"和例3中的"雾蒙蒙"其实都是状态形容词,分别代表了三种构成方式:

"蜡黄"就是像蜡一样黄,是单音节的性质形容词"黄"前面加上一个表示程度的语素"蜡"构成的。这类的形容词很多,如"雪白、金黄、火热、铁青、崭新、喷香"。

"酸溜溜"则是单音节的性质形容词后面加两个重叠的后缀,来说明"酸"的程度,如"慢腾腾、湿淋淋、绿油油、乱糟糟、懒洋洋、恶狠狠、红彤彤、亮晶晶"。

"雾蒙蒙"则是另一种构成方式,它是由单音节名词加重叠后缀构成的,如"血淋淋、毛茸茸、泪汪汪、病歪歪"。

由状态形容词的构成方式不难看出,其中都包含着表示附加意义的语素,用来表示程度比较高的意思,所以,前面就不能再被表示程度的副词"很""非常"等来修饰了。

链接:性质形容词的变化形式

汉语里的形容词分为性质形容词和状态形容词两类,它们的区别在于,前者可以加"很",后者则不可以。例如"好、坏、大、小、新、旧、干净、热闹、美好、重要",这些都是性质形容词。

性质形容词有三种变化形式:

一是重叠。单音节的重叠时要儿化(如"远——远远儿、高——高高儿"),双音节重叠成 AABB 式(如"热闹——热热闹闹、整齐——整整齐齐")。

二是单音节的性质形容词后面加三个非重叠的音节,如"黑不溜秋、黑咕隆咚、稀里糊涂、傻里呱叽、灰不溜秋、甜不丝儿"。

三是某些双音节性质形容词加"里"的变化,如"糊里糊涂、马里马虎、流里流气、邋里邋遢"。

第一种变化形式往往表示强调和程度高,而后面两种都带有贬义的色彩。

需要注意的是,变化后的性质形容词就不可以再被副词"很""非常"等来修饰了。

语法病句\词法病句

极其麻烦的"极"

[病例] 1. 她戴着一只硕大的钻戒,极亮闪闪的,直晃人的眼。
2. 我很喜欢这副新配的眼镜,极不模糊。

【诊断】

例 1 中的"极亮闪闪的"应为"极亮"。例 2 中的"极不模糊"应为"极其清楚"。副词"极"误用。

【辨析】

人们为了表达极端的评价,往往喜欢用副词"极"。"极"带着夸张的腔调,表示某种性质的最高程度。说来有趣,这个极端的"极"用起来也是极其麻烦的,讲究还不少呢。

状态形容词由于本身带有附加的修饰意义,就不能再受"极"的修饰了。所以,例 1 中状态形容词"亮闪闪"的前面就不可以再加"极"了,"极亮闪闪的"要改为"极亮"。

"极"如果用在"不"的前面表示极端的否定,后面的形容词或者动词一定要是积极意义的,而且多数都是双音节的,单音节的只限于"好、稳、准"等个别几个形容词。所以,只能说"极不清楚"而不可以说"极不模糊"。例 2 的原意是想说新配的眼镜很好,要改成"极其清楚"。

"极"的规定极其麻烦,我们再举几个例子。"极"带上形容词修饰名词时,一般都要带上"的",如:极薄的一块玻璃、极平常的日子。"极"也可以加在助动词的前面,但是仅限于"能、肯、会、敢"等少数几个,如:极能解决问题、极会游泳。

链接:副词"极其"的用法

副词"极"一般用在单音节的形容词前面,如:极好、极快。也可以用在部分多音节的形容词之前,如:极平常、极普通。

副词"极其"和"极"的意思很接近,都可以用来表示最高程度,但是常常用于书面,只能修饰多音节的形容词和动词,如:极其腐败、极其严肃;极其感动、极其重视。

与"极其"意义和用法接近的还有副词"极为"。只是"极为"的语气较为庄重,多用于书面语,如:极为广泛、极为关注。

语法病句 \ 词法病句

"个个"班级怎么依次退场?

[病例] 1. 开学典礼结束后,请大家个个班级依次退场。

2. 这个运动员虽然腿部受过伤,但是,这个赛季他还是一场场比赛都打满了30分钟。

3. 李老师因为哮喘,特别害怕北方的寒冬,一年一年都在海南过春节。

【诊断】

例1中"个个"应为"一个个",或者"一个一个"。例2中的"一场场"应为"场场"。例3中的"一年一年"应为"年年"。量词重叠表示遍指、分指失误。

【辨析】

"个个"班级是每个班级的意思,每个班级作为一个集体,退场只能"一次"而不能"依次"完成。所以,退场只能是"一个个班级"或者"一个一个班级"进行才会有秩序。

例1中的"一场场比赛"意味着一场比赛接着一场比赛,而不是"每一场比赛"。只有"场场比赛"才表示所有的比赛,才可以和后面表示遍指的"都"连用。一样的道理,例3中的李老师每一年都要去海南过冬,所以,就只能说成是表示每一年的"年年"而不可以说成是表示一年又一年的"一年一年"。

链接:量词重叠表示遍指和分指

与量词有关的重叠现象一共有三类:

1. 量词或者借用为量词的名词重叠以后表示"每一"的意思，例如："个个"表示"每一个"，"家家"表示"每一家"。用来指一类事物中的每一个个体，所以，也叫遍指数量短语。

2. 数量短语"一M"按照"一M一M"的方式重叠，表示以个体为单位分别计数。例如："一个一个"表示"先一个再一个"，而"一步一步"则表示"一步又一步"。

3. 数量短语"一M"按照"一MM"的方式重叠，也是表示以个体为单位分别计数。如：一个个、一步步。

第二类和第三类都是分指个体的，叫作分指数量短语。这两类常常是副词性或者形容词性的。"一MM"和"一M一M"做状语时多表示"依次"的意思，如"体检的人员请一个一个进来"，这里的"一个一个"就是状语；而"一MM"和"一M一M"做定语时多表示"多"的意思，如"一本本新书发到了新生的手上"，其中的"一本本"就是形容词性的。

与上述两类不同，第一类表示遍指的量词重叠是名词性的，常常用作主语。例如"家家都有一本难念的经"，其中的"家家"就是主语。

语法病句 \ 词法病句

怎么算出"平均年龄71岁左右"?

［病例］1."夕阳红"合唱团的成员,平均年龄都在71岁左右。
2.来稿要简练,一般不要超过3000字上下。

【诊断】

例1中的"左右"和例2中的"上下"应删去。概数误用为确数。

【辨析】

"平均年龄71岁左右"是怎么算出来的?把合唱团的老爷爷和老奶奶的年龄一个一个加起来再除以人数,最后得出的平均年龄是个确切的数字。"70岁左右"表示估算可以,但"71岁"是一个确数,是无法左右的。

概数是模糊的、大概的数值,生活中常常要用到,如:"用微波炉煮饭一般要20来分钟,根据微波炉的火力大小会有不同。"这里的"20来分钟"就是一个概数。

与之相对应的确数则是精确的、准确的数值。例2中来稿要求最长不可以超过的字数就应该是一个确数,是一条底线,不可以超过。如果是"3000字上下"这样的概数,人们就无章可循了,因为"上下"多少,没有人清楚,那就变成没有规定了。

链接:汉语表示概数的方法

概数是模糊的、大概的数值,汉语表述概数的方法有五种:

1. 用"几"来表示。"几"在问句中不轻读,但是表示概数的时候可以轻读,后面还要加量词。"几"的数量范围在二到九之间,可以用在"十、百、千、万、亿"之前或者"十"之后。例如:这个月他一共只赚了几百块钱。

2. 并列两个相邻的数字。如:寺庙前的那棵银杏树有七八十年了。

3. 在数词或者数量短语的后面加上"以上、以下、以内、以外"等来表示。例如:10公里以内免费送货。"以上"和"以下"分别表示大于和小于前面数字的不确定的数量,而"以内"和"以外"分别表示不超过和超过前面数字的不确定的数量。

4. 在数词或者数量短语的后面加上"左右、上下、开外、多、来、把"等来表示。例如:照片上那位50岁上下的先生就是我们公司的经理。"左右"和"上下"表示接近前面的数字。"开外"多用在十位数的后面,表示比前面的数字大。"多"表示余数不定,而"把"和"来"表述全数不定。

5. 在数词前面加上"成、上、约、约莫、大概、将近"等词语来表示。例如:这位法国艺术家来上海将近6年了。

语法病句\词法病句

从三到九,"增加了三倍"?

[病例] 1.社区图书阅览室的工作人员从三人增加到九人,人数增加了三倍。
2.车间每月的用电量由原先的两千度下降到两百度,用电量下降了十倍。

【诊断】

例1中的"三倍"应为"两倍"。例2中的"下降了十倍"应为"只有原来的十分之一"。分数倍数的表达失误。

【辨析】

三是九的三倍,这毫无疑问。可是从三到九,增加了三倍还是两倍呢?在小学做数学应用题的时候,这个疑问就困扰过我们。其实,与其说这是道数学题,还不如说是道语文题。关键就在于如何理解"增加了"和"增加到"的差别。前者不包含底数在内,而后者包含底数在内。所以,只能说"从三人增加到九人,人数增加了两倍"或者"从三人增加到九人,人数增加到三倍"。

在汉语里,数量的增加要用"倍"来表示,而数量的减少则需要用分数来表示。所以,用电量的下降就必须用分数的形式来表达,说成"用电量只有原来的十分之一"。

链接:分数、小数和倍数的表达法

分数,用"几分之几"来表示,前一个数字是分母,后一个是分子,如:五分之二。如果分数前面有整数,则说成"几又几分之几",如:八又五分之二。

如果分母是十，可以不说出来，在分子后面加"分"或者"成"即可。如："今天的情况我已经猜到了八分"，"这部电影的上座率只有四成"。

　　汉语中用"之一"表示分母不确定、分子是一的情况。如："大连是代表团此次将要访问的城市之一。"

　　小数，用"几点几"表示。例如1.8说成"一点八"，1.208说成"一点二零八"。小数点后面的"零"一定要念出来。

　　倍数的说法就是在数字后面加"倍"。

语法病句\词法病句

桥是论"个"的吗?

[病例] 1. 据报载,长江上新近又建成了一个铁路、公路两用桥,两岸的交通将更为便捷。
2. 这种笔书写流畅,十分好用。很多学生一下子就买上五六只。
3. 这伙流氓集团不仅在郊外杀人越货,还在市区拦路抢劫,气焰十分嚣张。

【诊断】

例1中的"个"应为"座"。例2中的"只"应为"支"。例3中的"伙"应为"个"或者删去"集团"。量词与名词搭配不当。

【辨析】

量词是汉语的一大特色,也是很麻烦的一种语法现象。几乎每个名词都有自己固定搭配的量词。其中"个"是最常用的,以致常常会出现不论什么名词都用"个"做量词的情况,例1即是一例。"桥"是不能论"个"来计算的,习惯搭配的量词是"座"。

量词"只"一般形容小而圆的物体,如"一只皮球、几只小鸡";而"支"则用于表示细长、有硬度的物体,如"一支铅笔"。一般笔总归是细长的而不会是圆的,例2还是应该改为"支"。

量词"伙"用于人群,可以说"这伙流氓"。"集团"则是论"个"的。所以,例3要么将"伙"改为"个",要么删去"集团"。

链接：量词和名词在意义上的联系

名词和与之搭配的量词往往有意义上的联系。

例如："张"一般用于平面的东西（一张地图、一张床），"本"是多页成册的（一本书、一本电话簿）；"棵"所修饰的名词是植物（一棵松树、一棵麦子），而"滴"修饰的则是液体（一滴眼泪、一滴血）；"条"用于长形的东西（一条裤子、一条河），而"段"则表示长条形东西的一部分（一段铁路、一段丝线）。

不过，很多量词和名词之间并没有意义上的联系，而是约定俗成的。例如："牛"的量词用"头"，"马"的量词用"匹"。"虎"的量词可以是"只"，也可以是"头"。"狗"的量词可以用"只"，也可以用"条"。

量词和名词的固定搭配是汉语语法中的重要内容，除了根据名词和量词在意义上的联系做些联想之外，主要还是要依靠记忆和平时的语言积累。

语法病句 \ 词法病句

"一座座山川"唱错了吧?

[病例] 1. 我看见一座座山、一座座山川,一座座山川相连。
2. 前面走过来三个夫妻。

【诊断】

例1中的"一座座山川,一座座山川相连"应为"一条条川,山川相连"。例2中的"个"应为"对"。集合名词的量词误用。

【辨析】

由张千一作词作曲的歌曲《青藏高原》在20世纪90年代由歌手李娜演唱之后就红遍大江南北,后又被歌手韩红翻唱,影响甚广。其中就有这句广为人知的歌词:"我看见一座座山、一座座山川,一座座山川相连。"严格说来,这句歌词是有语病的。"山川"是一个集合名词,既有"山",又有"川",如果要加一个量词,也只能加"些",而不能用与"山"单独搭配的量词"座"或者与"川"专门搭配的量词"条"。为了保持歌词音韵的美感,我们只能姑且将"一座座山川,一座座山川相连"改为"一条条川,山川相连"。

例2是同样的道理。"夫妻"也是集合名词,只能说"三对夫妻"。三对夫妻是六个人,而"三个夫妻"就不清楚是三个人还是六个人啰!

链接:与量词有关的名词的分类

名词只有加上量词才成为可以计数的单位,所以,我们可以根据名词适用的量词来给名词分类。一共有四种：

1. 个体名词

是只能跟特定的个体量词结合的名词。例如：书（本）、裙子（条）、松鼠（只）、桌子（张）等。例1中的"山"就是个体名词，与个体量词"座"搭配。

2. 集合名词

是只能跟集合量词和不定量词结合的名词。前者如：父母（对）、人马（队）、筷子（双）等；后者如：货物（批）、枪支（些）等。上面例1中的"山川"和例2中的"夫妻"也是集合名词。

3. 物质名词

没有与之搭配的特定的个体量词，只能跟表示度量衡的词语、临时的量词和不定量词搭配。例如：布（米）、酒席（桌）、东西（些）。

4. 抽象名词

是只能跟"种、类、点儿"或者"番、顿"等搭配的名词。例如：观点（种）、看法（类）、心意（点儿）、周折（番）、批评（顿）等。

我们不妨再看一个例子。20世纪60年代的电影《红日》中有一首脍炙人口的插曲《谁不说俺家乡好》，开头几句也是讲山水的："一座座青山紧相连，一朵朵白云绕山间，一片片梯田一层层绿，一阵阵歌声随风传。"这段歌词既有艺术性，又完全符合语法的要求。其中的"青山""白云"和"梯田"是个体名词，分别搭配个体量词"座""朵"和"片"；"绿"是物质名词，与之结合的是临时量词"层"；而"歌声"是抽象名词，结合了量词"阵"。

语法病句\词法病句

张艺谋能"拍一场电影"吗?

[病例] 1. 张艺谋新拍了一场电影《满城尽带黄金甲》,虽然票房还可以,但是文化界的评价却不高。
2. 现在的一张《新民晚报》常常有四五十页,翻翻都要半个小时呢。

【诊断】

例1中的"场"应为"部"。例2中的"张"应为"份"。适用于同一名词的不同量词之间的误用。

【辨析】

张艺谋虽然是中国著名的导演,可是他却拍不出"一场电影",而只能拍出"一部电影"。

"部"和"场"都是可以与名词"电影"搭配的量词,不过,"部"用于书籍、影片的计数,是针对对象的个体的,而"场"则是针对文娱体育活动的完整过程。所以,拍摄出来的一"部"电影可以放映很多"场",一家电影院也可以一"场"电影放映张艺谋的几"部"影片。

需要注意的是,"场"是一个全能型的量词。它既可以计量人或事物,又可以表示动作的次数。所以,它既是名量词,又是动量词。"场"做名量词时,除了可以表示上面例子中"文体活动的完整过程",还可以表示戏剧或表演中的一个段落,如"第二幕第三场"。"场"做动量词时,相当于"次",如"放一场电影"。

《新民晚报》是上海的市民报纸,内容丰富,每天都有很多页。"报纸"搭配的量词可以是"张",也可以是"份"。"张"指单页,而"份"用于指报刊、文件,常常是成组的包含多项个体的东西。所以,四五十页的《新民晚报》就只能论"份"来计量了。

链接:与同一名词搭配的不同量词

同一个名词可以搭配的量词往往不止一个。同一个名词与不同量词结合的时候,意义会有差别。大致有以下四种情况:

1. 感情色彩不同

例如:"一批年轻人"是中性的,"一伙年轻人"和"一帮年轻人"则是贬义的了;"一位老师"带有敬意,而"一个老师"则不带有这样的色彩。

2. 形状不同

例如:"一片面包"是薄薄的,"一块面包"则是方的;"一粒药"是小而圆的,而"一片药"则是扁平的。

3. 数量不同

例如:"一根筷子"就是一根,"一双筷子"有两根,而"一把筷子"则有很多根;"一朵玫瑰"就是一朵,而"一束玫瑰"就多得多了。

4. 性质或者范围不同

例如:"一只手表"说的是手表的个数,而"一款手表"讲的是手表的款式;"一节课"一般是指45分钟的教学,而"一门课"则是指有特定内容的课程;"一件礼物"里面包含的礼物只会有一个,而"一份礼物"则可以有一个或者多个。

语法病句 \ 词法病句

"人次"是"人"还是"次"?

[病例] 1. 人口只有两亿多的美国,每年有四亿多人次参观博物馆。
2. 花园口水文站出现总共2780秒立方米的洪水。黄河防汛总指挥部要求做好防汛的一切准备。

【诊断】

例1后半句改为"每年参观博物馆的观众达到四亿多人次"。例2中的"总共"应删去,并把"2780秒立方米的洪水"改为"2780秒立方米的洪峰流量"。复合量词误用。

【辨析】

"人次"是一个名词还是一个量词?"人次"到底是指"人"还是指"次"?"人次"这类的词让很多人犯难。其实,"人次"是一个量词,表示若干次人数的总和,五个人一起来一次是"五人次",同一个人不同时间里来五次也是"五人次"。这个量词的特殊之处在于它是由两个量词复合而成的。它是一个量词,所以不能做"参观"的主语。同时,"人次"表示同一类活动的人数总和,它的后面不能跟名词,只能说"每年参观博物馆的观众达到四亿多人次"。

例2中的"秒立方米"也是一个复合量词,用来计量单位时间里通过河渠或管道某处断面的流体的量。由于计量的是单位时间里的量,并不是总量,不能说"总共2780秒立方米的洪水",而应该是流量。因此,要删去"总共",并把"2780秒立方米的洪水"改为"2780秒立方米的洪峰流量"。

复合量词常常被误认为是名词,容易错误地出现在中心语和主语的位置上。这是需要我们特别提防的。

链接:复合量词

复合量词有两个量词复合而成,如"架次、人次、辆次、台次、吨公里、吨海里、秒立方米"等等。

有的复合量词是物量词和动量词的复合,如:"人次"是人数和次数的总和,"架次"是飞机飞行架数和次数的总和。

复合量词在科技领域的使用较为广泛。

语法病句 \ 词法病句

可以"病一下"吗？

[病例] 1. 外婆只是病一下，你不要担心，很快就会好的。

2. 就矿井坍塌事故，厂方向调查组郑重地解释了一通。

3. 现在有些演员没有经过严格的艺术训练，在台上只会乱跳一次、瞎唱一遍，实在是不太得体。

【诊断】

例1中的"病一下"宜改为"小病"。例2中的"一通"应为"一番"。例3中的"乱跳一次、瞎唱一遍"应改为"乱跳一通、瞎唱一气"。动量词误用。

【辨析】

汉语里有不少动词可以组成"动词+一下"的格式来表示试试看或者动作在短时间里完成的意思，例如"看一下、等一下"。但是，并不是所有的动词都可以如此。只有表示自己可以控制动作发展的动词才可以加上动量词"下"，而表示自己不可以控制动作发生发展的动词就不可以了。例如，"病、遇、完"这些表示经历的词语所表示的动作只能发生而不能被控制，所以，不能说"病一下、遇一下、完一下"。因此，"外婆只是病一下"应改为"外婆只是小病"。

例2中的"通"也是一个动量词，它往往表示动作的持续，还带有费时费力去做某事的情态色彩。只是用"通"来计量的时候，带有贬义的倾向，常用来形容动作比较随意、凌乱，如"胡诌了一通、嬉皮笑脸地解释了一通"。但句中明明是"郑重地解释",所以,要改用表示费时较多、用力较大或者过程较长的动量词"番",以表示尽心尽力、力求完美。

"次"和"遍"也是计量动作的量词,但是这两个量词一般是用来表示动作完成的次数的,而不能计量动作的持续。又因为是"乱跳、瞎唱",是贬义的,所以都可以改用"通"。不过,还有一个"气"也是带有贬义的表示持续的动量词,为了避免行文的重复,例3最好将"乱跳一次、瞎唱一遍"改为"乱跳一通、瞎唱一气"。

链接:汉语中的动量词

量词是汉语的特色。汉语中的量词分为两类,一类是表示人或者事物的单位的名量词,另一类是表示动作次数和持续时间的动量词。

传统语法将动量词分为专用动量词和借用动量词。

专用动量词较少,个性很强,一般不再分类,例如:次、回、下、番、通、气、阵、遍、趟、顿、场。

借用动量词包括:

1. 时间量词,如:年、月、日、小时、分钟。
2. 器官量词,如:看一眼、踢两脚、打一拳。
3. 工具量词,如:放一枪、砍一刀、敲一棒子。
4. 伴随量词,如:走一步、喊一声。
5. 同形量词,如:走一走、想一想、等一等。

语法病句\句法病句

"有人陆续来"怎么来？

[病例] 1. 来公园晨练的老人很多。清晨四五点，就有人陆续来锻炼了。
2. 我们学校请科学家经常做科技方面的讲座。

【诊断】

例1中的"有人陆续来"应为"陆续有人来"。例2中的"请科学家经常做"应为"经常请科学家做"。状语与中心语的语序不当，即状语错位。

【辨析】

"有人陆续来"是怎么个来法？一个人来公园，要么是来了，要么是没来，一个人怎么可能"陆续"来？难道是进来又出去，出去又进来？改成"陆续有人来"就没有问题了，所谓"陆续来"就是表达"有人来了，过一会儿，又有人来了"的意思。

这里，"陆续"是一个副词，它要放在所修饰的动词"有"的前面，是"陆续有人"，而不是"陆续来"。同样，副词"经常"是修饰动词"请"的，动词也要紧跟在它的后面，是"经常请"而不是"经常做报告"。否则，意思就完全不同了——不是我们学校经常去请一位或者一些科学家，而是变成科学家经常反复地来做讲座了。

链接：状语及其类型

状语的作用在于限制或者描写中心语。限制性的状语主要是从时间、处所、范围、对象、目的等角度对中心语进行限制，如"从前天开始""在家休息""全盘否定"；而描写性的状语主要是描写动作的变化和情态的变化，如"热烈讨论""开心地唱歌""慢慢变冷"。

状语大致有四类：

1. 副词和副词短语做状语

例如："真高兴""客观地分析""老虎似的咆哮""刚刚睡醒"。

2. 形容词和形容词短语做状语

例如："少喝酒""生动地描写""更加坚定地表示""蓬蓬勃勃地发展"。

3. 介词短语做状语

例如："往前面跑""把问题讲清楚"。

4. 象声词和象声词短语做状语

例如："噼里啪啦地砸下来""呜呜呜呜地吹"。

语法病句\句法病句

"在拉萨"应该放在哪儿?

[病例] 1. 这位年轻的艺术家也曾经住过在拉萨。
2. 我把张先生家的古籍几次借来看。
3. 在休息室里许多代表昨天都与他热情地交谈。

【诊断】

例1中的"也曾经住过在拉萨"应为"也曾经在拉萨住过"。例2中的"把张先生家的古籍几次借来"应为"几次把张先生家的古籍借来"。例3应改为"许多代表昨天在休息室里都与他热情地交谈"。多重状语混乱。

【辨析】

"也""曾经""住过"和"在拉萨"这四个成分究竟有几种组合方式?这是个有趣的排列组合游戏。我们试试看,"也曾经在拉萨住过""曾经也在拉萨住过""在拉萨也曾经住过""在拉萨曾经也住过"都可以说,就是不能说"也曾经住过在拉萨"。不过,"在拉萨也曾经住过""在拉萨曾经也住过"这两种说法往往不能独立说,而要用于对举,如"在乌鲁木齐曾经住过,在拉萨也曾经住过"。

例2的改法倒是唯一的,"把"字结构与相关动词要尽量靠近,所以要说成"几次把张先生家的古籍借来"。

例3包含有五个不同的状语,一般而言,多重状语要按照"时间、地点、范围、对象、情态"这样的顺序排列起来去修饰中心语。所以,正确的语序应该是"许多代表昨天在休息室里都与他热情地交谈"。

链接：多重状语的顺序

多重状语就是由多个状语修饰中心语。

多重状语的顺序要比多重定语的灵活一些，比如例1就有很多种改法，只是各种说法表达的意思有微妙的差别。前面的成分会限制后面的成分，而介词短语要放在副词和形容词之后。

"把"和"被"往往会同时出现于多重状语，一般"被、叫、让"组成的介词短语在前，"把"组成的介词短语在后，例如：沙发被小猫把扶手咬坏了。

如果"把"组成的介词短语与"由、替、用、给"等等组成的介词短语合用，前置后置皆可。例如，"我把这本小说给你借来了"也可以说成"我给你借来了这本小说"。

需要注意的是，多重状语的顺序不同，也会造成句子整体意义的差异。如，"他天天不上班"与"他不天天上班"的意思不同，就是因为"天天"和"不"这两个状语的语序不一样。

语法病句 \ 句法病句

"大衣"前面的多个定语

[病例] 1. 她的那件粉红色新买的呢格子大衣在人群中格外显眼。
2. 那位高个子他们班的男生获得了数学竞赛的第一名。
3. 湖南省历史博物馆近日展出了数以万计的8000年前新出土的栽培稻粒。

【诊断】

例1中的"她的那件粉红色新买的呢格子大衣"应为"她的那件新买的粉红色格子呢大衣"。例2中的"那位高个子他们班的男生"应为"他们班那位高个子的男生"。例3中的"数以万计的8000年前新出土的栽培稻粒"应为"新出土的数以万计的8000年前的栽培稻粒"。多重定语混乱。

【辨析】

"她的那件粉红色新买的呢格子大衣"到底是一件什么样的大衣呀？真是叫人头晕眼花。这件"大衣"被太多的定语修饰，这些定语又没有合理地"排队"，因而混乱极了。那应该怎么排队呢？一般而言，有多个定语时，表示领属关系的词语在最前面，与被修饰的中心语意义关联越紧密的定语越要靠近中心语。对于一件大衣而言，与之性状最为密切的修饰性内容依次应该是：质地、花型、颜色、购买时间等。因此，上面涉及的六个修饰成分就应该排列为"她的那件新买的粉红色格子呢"，依次来修饰"大衣"。

例2的情况近似例1。表示领属关系的词总在最前面，接着应该是指示代词、数量短语和形容词，应该改成"他们班那位高个子的男生"。

例3中多重定语次序的混乱还导致了意义上的矛盾。"8000年前"被放在"新出土"的前面，变成了它的修饰语，导致了"新出土"的时间是在"8000年前"的误解。正确的语序应该是"新出土的数以万计的8000年前的栽培稻粒"。

链接：多重定语的顺序

多重定语是指同时有多个定语来修饰中心语。这就有个排序的问题，一般而言，有这样几条规律：

1. 临时性组合的定语在前，经常性组合的定语在后。

例如："男老师"是惯常组合，只能说"很瘦的男老师"，而不能说"男的很瘦的老师"，因为"很瘦的"是临时性组合，要放在前面。

2. 如果各个定语成分都是临时性的，一般的顺序是：表述领属关系的词语—数量短语—形容词—名词。

例2就属于这一种。再比如：他们家那两台新电视机。

需要注意的是：表示领属的定语总是在最前面。如，只能说"上海最舒适的季节"，不能说"最舒适的上海季节"。另外，数量短语可以放在临时组合的定语之前，也可以放在后面，只是意义上有所不同，例如"那两台新电视机"也可以说成"新的那两台电视机"。不过，前者是描写性的，说明电视机的情况；而后者是限制性的，限定所指的电视机是新的而不是旧的。

总体而言，多重定语要依循"就近靠右"的原则，即与被修饰的中心语意义关联越紧密的定语越要靠近最右边的中心语。

语法病句\句法病句

谁先谁后有讲究

[病例] 1.如果趁现在不赶快出发,等到下班的时候,路上一定会堵车,我们就要迟到了。
2.使用电脑整理档案后,人事资料的归档工作提高了效率几十倍。
3.《红楼梦》小说的作者是曹雪芹和高鹗两个人,这种看法已经被很多人接受了。

【诊断】

例1中的"不"应该在"趁"的前面。例2中的"工作提高了效率"应改为"工作效率提高了"。例3中"《红楼梦》小说"应该改为"小说《红楼梦》"。词语次序失当。

【辨析】

有些副词在句子中可以有好几处位置,我们必须在每个句子里把它们安排在最恰当的位置上。例1中的"不"是一个否定词,根据后面的句子,"不"应否定"出发"的时间,所以要出现在时间的前面,说成"不趁现在"。

例2将"工作提高了效率"改为"工作效率提高了"。"几十倍"指的就是被提高了的"效率",所以,要用它直接做主语。

例3涉及同位短语的语序问题。同位短语的组成成分是两个词或者词组,同指一个事物,做同样的句子成分,但是位置的前后有一定的要求。例如"首都北京",具体的专有名词"北京"需在后,而表示其属性的概念"首都"要在前。违背同位短语成分的次序规则,便会显得不通畅。所以,例3中的"小说"要放在"《红楼梦》"之前。

这些例子都属于词语的次序失当。这些词语放错了地方，一般不至于从根本上改变句子的意思，但是不符合习惯。

链接： 语序在汉语中的意义

与英语、法语和俄语等有着形态变化的语言相比，汉语语法的主要特点是偏重于用语序和虚词来表示语法关系，表现语法意义。例如，"鸡蛋新鲜"是主谓关系，而"新鲜鸡蛋"则是"偏正关系"。

有些语序变化之后，虽然语法关系没有变化，但是语义却有明显的不同，如"他很不客气"比"他不很客气"要"不客气"得多。

也有一些句子语序变化后基本意思相同，但是有微妙的差异。如"30岁才生小孩儿"，说话人觉得30岁生小孩儿已经太晚了；而"生小孩儿才30岁"，说话人觉得生小孩儿的年龄还可以更晚一些。

可见，语序在汉语中有着举足轻重的作用。词语的次序非常重要。次序安排得当，意思就会显豁明朗；安排不得当，意思就会晦涩，甚至不通。

"或者"还是"还是"

[病例] 1. 今天晚饭吃面还是米饭都可以。
2. 我不清楚他是今天去或者明天去。
3. 今年春游我们去苏州或者去无锡?

【诊断】

例1中的"还是"应是"或者"。例2中的"或者"应为"还是"。例3中的"或者"也应为"还是"。连词"或者"和"还是"混用。

【辨析】

是用"或者"还是用"还是"?这是个需要考虑的问题。这两个都是表示选择的连词,但是,"或者"只能用于陈述句,表示两个里面选取任何一个都可以。"还是"与"或者"不同。"还是"主要用于疑问句,例3是一个很明显的疑问句,要用"还是"连接"苏州"和"无锡"来表示选择性的疑问。例1是个很明确的陈述句,是说晚饭可以在面和米饭两者之间选,所以,只能用"或者"。

有时候,"还是"也可以用于陈述句,如:"我不清楚他是今天去还是明天去。"这里并不是说,他今天去或者明天去都可以,而是带有明显的疑惑的意思,即使这个句子整体上是陈述性的结构。

另外,当"或者"和"还是"与"无论(不管)"连用时,它们都表示一种周遍性。如"不论老年人还是你年轻人,都喜欢这项运动","不管刮风或者下雨,他都坚持去跑步"。

链接：疑问句中的选择问

选择问是疑问句中的一类。这类问句并列提出几个项目，让听话者选择一项来回答。供选择的两项或者几项往往用"是……还是……"来连接。例如：今年是狗年还是猪年？

有些情况下，选择问也可以不用"还是"来连接选择项，例如：明天再去好不好？他是不是上海人？

这时候选择的项目正好是一件事的正反两面。另外，也有一些简化的形式不用"还是"。例如："你吃过饭还是没有吃过饭？"就可以简化为"你吃过饭没有？"

可见，连词"还是"是选择问的标志，但并不是所有的选择问都必须用"还是"。

条件很多的"只有"和"只要"

[病例] 1. 只要付出真情的人,就能赢得真情。
2. 只要年满十八岁,就可以拿到驾驶执照。

【诊断】

例1中的"的人"应删去,或者把"只要……就……"换成"只有……才……"。例2中的"只要……就……"应该改成"只有……才……"。连词"只有"和"只要"混用。

【辨析】

"只有"和"只要"虽然只是一字之差,可是使用起来却大有不同。它们对句子表达的意义和语法结构有很多要求,只有在满足了各自条件的情况下才能被正确使用。

"只有"和"只要"都是连词,表示条件。但是,"只要"只能连接动词性的短语或者主谓短语,而例1中"付出真情的人"是一个名词性的短语,所以"只要"就不能和它搭配。"只有"除了可以连接动词性的短语或者主谓短语之外,也可以连接名词性短语和介词短语。

例2的问题不是出在语法结构上,而是出在意义的表达上。只要年满十八岁,就可以拿到驾驶执照吗?难道就没有其他要求了吗?比如,身体状况?要不要通过考核?拿驾照显然没有那么简单,"年满十八岁"只是一个必须要具备的条件,没有它就不行,也就是说这是一个必要的条件,只能用"只有……才……"。"只要……就……"是用来表示充分条件而不是必要条件的。

链接：充分条件复句和必要条件复句

复句中的条件复句是指前面一个分句提出一个条件，后面一个分句说出该条件得到的结果。条件复句根据条件的不同情况还可以分出小类，其中有一类是前一个分句给定某个特殊的条件，这种条件复句叫作特定条件句。

特定条件句又分两种：

第一种是充分条件句，代表格式是"只要……就……"，前面一个分句说出的是充分条件，满足了这个条件就可以产生后面一个分句的结果，但是并不排斥还有其他条件。例如："电视里只要一有广告，这个小朋友就会坐下来盯着看。"

第二种是必要条件句，代表格式是"只有……才……"，前面一个分句说的是必要条件，不满足这个条件，就不会有后面的结果。例如："电视里只有出现广告，这个小朋友才会坐下来盯着看。"这个例子是说，如果不是广告，这个小朋友是不会去看的。我们也可以把这个意思表述为："除非电视里出现广告，否则这个小朋友不会坐下来盯着看。"所以，必要条件句也可以用"除非……否则……不……"来做关联词语。

"和""并"和"而"难分家

[病例] 1. 她聪明和漂亮,待人也热情。
2. 当地政府动用了大量的人力物力才扑灭了这场大火和保住了这片原始森林。

【诊断】

例1中的"和"应为"而"。例2中的"和"应为"并"。"和""并""而"混用。

【辨析】

"和""并"和"而"是三个同类又同义的词,要把它们分清楚还真有点儿麻烦。它们都是连词,可是连接的对象却不一样:"和"多用来连接名词性的词语,"并"多用来连接动词性的词语,"而"则用来连接形容词性的词语。

"并"和"而"绝对不能连接名词,被连接的两项之间也不能互换。不过有时候,"和"可以用在形容词和动词之间,但是动词和形容词必须是双音节的,而且要有共同的修饰语或者宾语。例1中的"聪明和漂亮"可以改为"聪明而漂亮",也可以改为"她十分聪明和漂亮"。

例2是用"和"连接的词组充当句子谓语成分的病例。由"和"组成的联合短语整体上是名词性的,而"才"后面需要谓词性成分,应改用"并"。

链接:作为连词的"和""并"和"而"的用法

"和""并"和"而"都可以做连词。此外,"和"还可以做介词(如"我和你谈谈"),"并"还可以做副词(如

"相提并论")。

做连词的"和"表示平等的联合关系,可以连接名词性、动词性和形容词性的成分,只是"和"用在动词和形容词之间是有条件的,上面我们已经谈到。"和"可以连接多个成分,这时它要放在最后两项之间,前面的成分用顿号连接,如:咖啡、茶水、啤酒和饮料。

"并"也表示连接,但是含有更进一层的意思。我们只能说"讨论并通过",而不可以说"通过并讨论",因为"通过"总是建立在"讨论"的基础上的。"并"多连接双音节的动词,也可以连接小句,限于后一小句的主语蒙前省略的情况,如:会议讨论了学校搬迁的问题,并研究了搬迁的具体方案。

"而"表示连接的意思时,多带有互相补充的意思,如"聪明而漂亮"。除此以外,"而"还有很多语法意义是"和"与"并"不具备的。例如,"而"还可以表示转折(如"价廉而物美"),可以把表示目的、原因、方式、状态等的成分与动词连接(如"顺流而下""为理想而奋斗")。

语法病句\句法病句

关于"关于"和"对于"

[病例] 1. 商会会长关于这个问题没有发表意见。
2. 六名委员因受贿丑闻被驱逐出国际奥委会,世界各地报纸关于这起震惊国际体坛的事件都做了详细报道。

【诊断】

例1中的"关于"应为"对于",或者将"关于这个问题"移至"商会会长"之前,改为"关于这个问题,商会会长没有发表意见"。例2中的"关于"应为"对于"。"关于"和"对于"误用。

【辨析】

"关于"和"对于"都是介词,它们同类,而且意义相近。

不过,"关于"构成的介词结构做状语时,只能出现在状语之前;而"对于"构成的介词结构做状语时,在主语的前后都可以出现。所以,例1就有两种改法。

在不改变语序的情况下,例2就只能用"对于",不可以换成"关于"。这是由于尽管两个词的意义接近,但还是有细微差别的。表示关联、涉及的事物用"关于";指出对象,则要用"对于"。"对于"后面的名词指动作的受事,例2中的"这起震惊国际体坛的事件"就是"详细报道"的受事,所以必须用"对于"。"对于"后面的名词还可以表示直接波及而受到影响的事物,如"散步对于养病很有好处"。这里的"对于"也不可以换成"关于"。

当然,有的时候,表示涉及和表示对象这两种意思可以在一个句子里兼有,这时候,用"关于"和"对于"就都可以了。例如:"对于搬迁方案,大家都有意见。"这里"对于"也可以换成"关于"。

另外,由"关于"和"对于"构成的介词结构还常常用在文章的标题里。不过,"关于……"可以单做标题,而"对于……"要加上名词才行。本文的标题就是"关于'关于'和'对于'",也可以写成"对于'关于'和'对于'的几点看法"。

链接:介词短语做状语

介词短语是指介词和后面紧跟的其他词语组合而成的结构。主要作用是引进跟动作有关的对象,包括时间、处所、目的、工具、对象、原因等等。例如:

1. 在大连海滨(表示处所)
2. 于今年秋季(表示时间)
3. 为了按时完成任务(表示目的)
4. 用一根长棍(表示工具)
5. 关于这个问题(表示对象)
6. 由于时间的关系(表示原因)

一般而言,介词的后面都是名词性的词语,但是,也不排除个别谓词性的词语,如"经专家研究"(主谓短语)、"对于结婚"(动词)。

介词结构的主要功能是充当状语。"关于……"和"对于……"就是这样。介词结构直接用来修饰名词的比较少。修饰名词的介词结构后面要用助词"的",如"关于地震的报道"。

语法病句\句法病句

"对",用对了吗?

[病例] 1. 这个城市对他是陌生的,完全没有可以投靠的地方。
2. 我对于老张有一点儿意见。

【诊断】

例1中的"这个城市对他"应改为"他对这个城市"。例2中的"对于"应为"对"。介词"对"误用。

【辨析】

"这个城市对他是陌生的",这句话读出来真别扭,到底是谁对谁陌生呢?问题出在介词"对"上,这个"对"用对了吗?

例1中,"他"属主动者,"城市"属被动者,说成"这个城市对他是陌生的",岂不是颠倒了主动和被动的关系?这种颠倒究其原因是介词"对"的误用造成的。"……对……"这个介词短语中,前面的是主动者,后面的是被动者。例如:"小陈对汽车很感兴趣。"小陈是主动的产生兴趣的人,汽车是被动的对象。如果一定要用"这个城市"做主语,那就要用另一个说法:"这个城市对他来说是陌生的"。

"我对老张有意见"也不同于"老张对我有意见",主动的有意见的人是"我",在介词"对"的前面。而且,表示人和人之间的关系,只能用"对",不能用"对于"。

链接:"对"和"对于"的区别

"对"和"对于"都可以做介词。在表示"对待"的意思的时候，两者用法相似。这时，"对"和"对于"常常可以互换，如：对于（对）这一点，大家没有疑义。

用"对于"的句子都可以换用"对"，但是用"对"的句子，有些却不能换用"对于"，比如表示人与人之间的关系，只能用"对"。

在助动词和副词之后只能用"对"，不能用"对于"。可以说"大家会对这个问题感兴趣的"，"大家都对这个问题感兴趣"。但是不可以说"大家会对于这个问题感兴趣的"，"大家都对于这个问题感兴趣"。"对于"只能用在助动词和副词之前。例如："大家对于这个问题会感兴趣的"，"大家对于这个问题都感兴趣的"，"对于这个问题，大家都感兴趣的"。

当心这个"当"

[病例] 1. 当1978年，他又一次来到了中国。

2.1926年11月，当北伐军占领九江、南昌，基本上消灭两大军阀，北伐战争取得重大胜利的有利形势下，国民党中央政治会议决定迁都武汉。

3.你有什么意见，可以当我的面前讲。

【诊断】

例1中的"当"应为"在"，或者删去。例2中"取得重大胜利的有利形势下"应改为"取得重大胜利的时候"，或把"当"改为"在"。例3中的"面前"应为"面"或者把"当"改为"在"。介词"当""在"误用。

【辨析】

"当"这个介词常常用来表示时间，不过，用起来要当心，它还是有很多讲究的。表示时间的时候，"当"必须跟小句或者是有动词在内的时间短语结合才行，不可以跟单独的时间词语在一起。例1中的"1978年"就是单独的时间词语，这时就要换用另一个介词"在"，"在"表示时间的时候没有"当"那么多的限制。如果还是想用"当"，就要改成"当1978年中国改革开放起步时"这样的小句。还要小心的是，"当"不能跟"上、中、下"构成固定形式。例2要么把"当"改为"在"，要么把"取得重大胜利的有利形势下"改为"取得重大胜利的时候"。

"当"还可以表示处所，但是只可以跟有限的几个名词组合,如"当面""当头"。不能跟表示处所和方位的词语结合。"当我的面前"这样的说法是不成立的,只能说"当我的面讲"或者"当面跟我讲"。与"当"相反,"在"只能跟处所词和方位词结合,不能跟一般的名词组合。所以,"在我的面前讲"是可以的。

链接:表示时间的"当"和"在"的区别

介词"当"和"在"都可以表示时间,除了上述明显的差别之外,还有一些细微的不同之处。

"当"更多用于书面,书卷气更重一些。常常是"当"的后面加小句或者是动词短语构成的时间词语,再加上"的时候"一类的说法。有时前面还加上"正",强调某件事情正在发生,如:正当栀子花盛开的时节,姑母从国外回来了。

"在"用来表示时间有两种用法:

一是将"在……"放在动词、形容词或者主语之前,这时往往是指动作发生的时间,例如:演出在傍晚7时30分开始。二是将"在……"放在某些动词(如"生、死、发生、出现、安排、固定"等)的后面,表示出现、消失的时间,例如:国庆招待会安排在10月1日下午6时。

语法病句 \ 句法病句

与起点相关的"从"

[病例] 1. 影片正是从辩证法的这一观点,来处理这个人物身上优缺点之间的关系的。

2. 从小猫生下来的第一天,妈妈就帮助它们母子安置一个新窝。

3. 这条越江隧道特别长,汽车在里面穿过,大约需要20多分钟。

【诊断】

例1在"这一观点"的后面应该加"出发"。例2应删去"从"或者将"从"改为"在"。例3中的"在"应改为"从"。介词"从"误用。

【辨析】

"从"是一个常用的介词,它的基本意义是表示起点,可以是时间的起点(如"从早到晚"),也可以是空间的起点(如"从南到北")。如果将注意力从空间的起点贯穿下去,"从"就可以表示经过的路线和场所(如"从大路走")。当这个"起点"的意义虚化以后可以表示范围(如"从头到尾"),进一步抽象化则可以表示凭借和根据(如"从笔迹来看")。

"从"与"起点"意义的紧密相连,使得它要求后面一般要有相配合的字词来表示"开始",如例1"从辩证法的这一观点"之后要加上"出发",才能表示电影处理人物的出发点和依据。例2"从小猫生下来的第一天"后面本应加上"起"字,表示时间起点,但"安置一个新窝"大概一天就完成了，所以这里不能用"从……起"的格式，"从"应该删去，或把它改为"在"。例3说的是汽车经过隧道的时间，这是一个动态的过程，应该用"从"，而"在"一般表示静态的存在，试比较"汽车从隧道里穿过"和"汽车在隧道里熄火了"，前者就是动态的变化过程，后者只是静态的情形状态。

链接：副词"从"

"从"除了像上述的例子里一样做介词以外，它还可以做副词，这时它的意义和"从来"一样。不过，副词"从"的用法有很特别的要求。

副词"从"带有文言色彩，只用在"不、未"的前面，它的后面往往用双音节的动词或者动词短语。例如：从不考虑、从不退缩、从未发生过失误、从不向朋友借钱。

从本质上来看，介词"从"和副词"从"是两个互不相关的词，意义和用法都完全不同。

如果后面是单音节的动词，一般会用"从来"，如"从来不看，从来不问"，或者说成"从不察看、从不过问"。

语法病句\句法病句

不"比"不知道

[病例] 1. 每月所丢书的数目比每月所购入书的数目几乎相等,有时还要超过。
2. 英姐问她:"夫人待你那么好,比亲生女儿一样,你为什么想离开呀?"
3. 生产条件,由于整个经济形势开始好转,比过去起了变化,有了好转。

【诊断】

例1中的"比"应为"和"。例2中的"一样"应为"还亲"。例3要做整体调整,建议改为"由于整个经济形势开始好转,生产条件比过去有所改善"。介词"比"误用。

【辨析】

俗话说,不比不知道,一比吓一跳。表示"比较"的介词"比"用起来也有不少讲究。

首先,介词"比"只用来比较形状和程度,这种比较一定要有高下之分,否则,不适合用"比"。例1中丢的书和买的书数目几乎相等,没有什么差别,就不能用"比",而只能用"和"。

例2有两个改法。一种的意思是"像亲生女儿一样",这时的"比"并不是用来比较形状和程度的,而是"比作""当作"的意思,适合用"好比",或者"像"。另一种的意思是"比较",那么就要有比较的结果,说成"比亲生女儿还亲"。

例3比较的结果同样不明朗,只说"起了变化",也是不妥的。要改为明确的"比过去有所改善"。

链接：动词"比"

"比"用来比较形状和程度的时候，是介词。它还可以用作动词，做动词的"比"，意义较为丰富。

动词"比"常见的意思是"比较"，例如"比质量、比效率"，这时"比"的后面是比较的内容。介词"比"的后面往往是比较的对象，如"比昨天、比他"。

还可以用在否定形式中，表示"能够相比"，如"出门不比在家"。

"比"也可以表示动作"比划"，如"用手比了个心的形状"。

用作"比照"的"比"常常带"着"，如"比着这个样子剪"。

动词"比"还有"比方"的意思，如"把孩子比作祖国的花朵"。

"在……上"和"在……下"

[病例] 1. 当这个戏第一次演出时,在大家抑制不住伤心流泪的情况下,没有能够演完就停止了。
2. 在计划经济的想法上,企业之间的竞争是没有必要的。
3. 公司在改善员工办公条件上,做了不少工作,大大提高了员工的办公积极性。
4. 如果是在缺乏竞争机制下,捧起既保障人又束缚人的"铁饭碗",那就不能解放我国的生产力。

【诊断】

例1中"在大家抑制不住伤心流泪的情况下"应为"由于大家抑制不住伤心流泪"。例2中"在计划经济的想法上"应为"按照计划经济的想法"。例3中"在改善员工办公条件上"应为"在员工办公条件的改善上"。例4中"在缺乏竞争机制下"应为"在缺乏竞争机制的情况下"。介词短语"在……上/下"失误。

【辨析】

介词"在"常常和方位词"上"和"下"一起构成介词短语,意义有所区别。

"在……上"用以指方面,例如"在数量上""在观念上";"在……下"则用来表示条件,例如"在大家的帮助下""在队长的指挥下"。

例1中的"大家抑制不住伤心流泪"是"没有能够演完"的原因,而不是条件,所以不适合使用"在……下"这个介词结构,不如改为"由于……"。

例2中,"计划经济的想法"只是后面一个分句的出发点和着眼点,所以,并不适合使用表示方面的"在……上"。

"在……上/下"除了有上述意义方面的要求外,中间的成分还要求必须是名词或者名词性的短语。例3中的"改善员工办公条件"和例4中的"缺乏竞争机制"都是动宾短语,是谓词性的,都不合格,都要改成名词性的短语,如"员工办公条件的改善""缺乏竞争机制的情况"。

链接:介词短语"在……里/中"

介词"在"除了和方位词"上/下"搭配外,也常常和另外一对方位词"里/中"连用。

"在……中"的中间可以加名词或者名词性短语,表示处所、时间、范围和情况,例如"在家中、在两个月中、在学生中、在暴风骤雨中";也可以在"在……中"添加动词或者动词性短语,表示过程和状态的延续,例如"在讨论中、在紧张的进行中"。

"在……里"中间只能加名词或者名词性短语,表示处所、时间和范围等等。例如"在树林里、在暑假里、在他的发言里、在公司里、在心里"。

语法病句 \ 句法病句

表示持续的"着"

[病例] 1. 某些学生学习英语极其认真,却对自己的母语采取着无所谓的态度。
2. 这项新技术提高着大家的工作效率。
3. 随着环境的破坏,近几年来,世界各地不断发生着各种各样的自然灾害。

【诊断】

例1中的"采取着"应为"抱着"。例2中的"着"应改为"了"。例3中的"着"应删去。助词"着"误用。

【辨析】

"着",表示行为正在持续之中。所以,不能持续的动词不可以加"着"。例1中的"采取"就是一个不能持续的动词,没有采取自然就没有采取,已经采取了就不可能老在那儿"采取着",应该换成"抱着"。

有些两个字的动词后面一个字表示前面一个字的结果,比如"听懂""明白"和例2中的"提高"等等。用这些词做谓语的句子往往都表示行为已经有了结果,是完成了的。所以,这样的动词后面也就不能加"着"了。例2中的"提高着"的说法无法成立,可以将"着"改为表示完成的"了"。

例3里有一个副词"不断",表示一次又一次、断断续续,不是持续的。所以,这个副词修饰的动词后面自然也就不可以用表示持续的"着"了。

链接：表示动态的"着"

"着"是表示动态的助词。

汉语一般用这个助词来表示各种各样动态的持续，最为常见的有：

1. 表示动作正在进行。"着"用在动词后面。动词前面可以加"正、在、正在"等副词，后面可以加"呢"。如：孩子们正在唱着歌呢。

2. 表示状态的持续。"着"用在动词、形容词的后面，动词、形容词前面不可以加"正、在、正在"。如：妹妹穿着新棉袄。

3. 表示以某种状态存在。如：桌上放着一杯热茶。

除了表示动态的持续以外，"着"还可以表示动作间的关系以及命令、提醒的意思。例如："低着头回答"表示"低头"是"回答"的方式，"急着出门"中的"着"表示"急"和"出门"是情态和动作的关系，而"过马路看着点儿"则表示提醒的意思。

可见，加在动词和形容词后面的助词"着"，可以表现丰富的动态关系和动态意义。

语法病句 \ 句法病句

不可不甚了了的"了"

[病例] 1. 女子无才便是德,这已经属于了落后的观点。

2. 爷爷已经习惯每天早上五点半起了床,晚上八点半睡了觉。

3. 他决定了坐明天下午四点的飞机出发。

4. 新郎喝了不少酒,已经醉。

【诊断】

例1中"了"应该改在句末。例2中的两个"了"都应该删去。例3中的"了"也应删去。例4中的"醉"应为"醉了"。助词"了"误用。

【辨析】

"了"是一个很复杂的字,读音和意思都很多,语法表现也颇有不同。例如"不甚了了"中的"了"读作"liǎo",是"了解、理解、了然"的意思,"不甚了了"是不太了解的意思。常见的助词"了"一般轻读"le",用法上有很多讲究,绝不可"不甚了了"。

如果动词不表示变化,它的后面就不可以紧跟"了"来表示完成,所以,例1中"属于了"的说法就不能成立。这样的词语还有"是、觉得、认为、希望、需要"等等。

动词如果表示经常性的动作,也不可以在后面紧跟"了"。说到爷爷的习惯,自然是经常发生的,动词后面的两个"了"就应该删去。

例3中的"了"之所以要删去,是因为动词"决定"

的后面带的是动词性的宾语"坐明天下午四点的飞机出发",所以前面的动词就不可以加"了"来表示动作的完成。

例4中的"醉"是无法通过意识控制的过程,后面需要加"了"。这类动词还有"长大、病、丢"等,表示无意识主体自身变化过程的动词也同样要加"了",如"开、塌、破"等。另外,当动词的前面用了"已经"来修饰的话,后面就必须带"了"了。所以,例4只能改为"已经醉了"。

链接:两个不同的虚词"了"

"了$_1$"和"了$_2$"是两个不同的虚词。

"了$_1$"用在动词后面,主要表示动作的完成,是一个助词。如果有宾语,用在宾语的前面。例如:"我买了两张电影票""爷爷起了床就去公园打拳"。

"了$_2$"与"了$_1$"不同,它只用于句末,有成句的功能,主要是肯定事态出现了变化或者即将出现变化,是一个语气词。如果有宾语,要用在宾语的后面。所以,例1可以改为"女子无才便是德,这已经属于落后的观点了(了$_2$)",表明关于女性的观点已经发生了改变。例2也可以改为"爷爷已经习惯每天早上五点半起床,晚上八点半睡觉了(了$_2$)"。这样的话,意思就变成:爷爷的生活习惯发生了(了$_1$)变化,有了(了$_2$)新的作息时间了(了$_2$)。如果是"爷爷已经习惯每天早上五点半起床,晚上八点半睡觉",就只是交待爷爷有这样的习惯。

有的时候,"了$_1$"和"了$_2$"也会合二为一,表示一种变化已经完成,且这种变化是一个新情况。这时的"了"就兼有助词和语气词的功能。如:孩子大了(了$_1$和了$_2$),做父母的也就轻松多了(了$_1$和了$_2$)。

语法病句\句法病句

"过"的过错

[病例] 1.有一年春节,我和朋友带着孩子去过黄山。
2. 30多年过去了,我一直不敢忘记过恩师的教诲。

【诊断】

例1中的"有一年"要改为一个确定的时间,如"前年"。例2中的"不敢"应为"没敢"。助词"过"误用。

【辨析】

"过"是一个表示从前的常见的助词,它往往用在动词的后面,表示过去曾经有这样的事情。

有"过"的句子里可以不提时间,但是如果提到,就必须是指确定时间的词语。例1里的"有一年春节"是不定的,要改为"前年、去年、今年"这样具体的时间。因为"过"是强调经历的,经历一定是确实发生过的、具体的,和仅仅表示动作完成的助词"了"不同。例1用"了"倒是不错,可以说成"有一年春节,我和朋友带着孩子去了黄山"。

有"过"的句子的否定,要用"没""没有"。例2要说成"没敢忘记过恩师的教诲"。因为"不"用于对未然的将来的否定,例如"我不敢一个人走夜路";而"没""没有"用于对已然的过去的否定,例如"昨天,我没敢一个人走夜路"。有"过"的句子都是讲经历的,都是过去的事情,所以,否定句一定要用"没""没有"。

链接:"了"和"过"的不同

"了"和"过"都是时态助词,都可用以表达动作的完成和变化。但是两者在意义上有微妙的差别。

第一,"动词+过"表示已有的经验,一定是与过去的时间相连;而"动词+了"只表示动作的完成,与动作完成的时间无关。例如:

昨天我们去过博物馆。(表示已有的经验,一定过去了)

昨天我们去了博物馆。(表示完成,因为有"昨天",所以是过去的)

我们已经去了博物馆。(表示完成,因为有"已经",是针对现在而言的)

明天我们计划去了博物馆再去动物园。(表示完成,因为有"明天",是就将来而言的)

第二,"动词+过"表示的动作不延续到现在,而"动词+了"所表示的动作却可能延续到现在。例如:

他做过这家公司的总经理。(现在已经不是总经理了)

他做了这家公司的总经理。(现在还是总经理)

第三,"动词+了"一般表示有结果,而"动词+过"则不一定。例如:

她学了游泳。(应该是学会了)

她学过游泳。(可能学会了,也可能没学会)

第四,带有"了"和"过"的句子的否定式也有区别。它们都用"没(有)"表示否定,但"过"必须保留,而"了"则不用。例如:

我没去过昆明。(肯定形式为:我去过昆明。)

我没去昆明。(肯定形式为:我去了昆明。)

语法病句 \ 句法病句

"的"的有无

[病例] 1.这次会谈对双边关系的发展产生了积极、深远影响。

2.这位电影明星怀孕以后还为一本杂志拍了不少封面照片,看上去是很时髦一个孕妇。

3.他对演张强和李星两位演员,表现出了极大的热情。

【诊断】

例1中"积极、深远影响"应为"积极的、深远的影响"。例2中"一个孕妇"的前面要加"的"。例3"张强和李星"与"两位演员"中间的"的"字不可少。助词"的"漏用。

【辨析】

汉语里的"的"使用非常频繁,是极为重要的一个结构助词。有的地方不用"的",有的地方可用可不用,但是有的地方非用不可。助词"的"的误用常常出现在最后一种情况中。

几个并列的"形容词+的"可以同时修饰一个名词,但是几个并列的不加"的"的形容词却不可以。所以,不说"积极、深远影响",而要说成"积极的、深远的影响"。

形容词直接修饰名词,如"时髦孕妇",但是,中间不可以加数量词语,所以,不能说"很时髦一个孕妇"。但加上"的",可以说"很时髦的一个孕妇"。

例3摘自一条新闻,这条新闻的意思是:他对两位演员很热情,这两位演员分别饰演了张强和李星这两个角色。

例3中"张强和李星两位演员"是一个同位词组,"演张强和李星两位演员"的意思就是演这两个角色的演员。"他"不是对"饰演"这件事情感兴趣,而是对"两位演员"感兴趣。所以,"张强和李星"与"两位演员"中间的"的"字不可少,否则,就和新闻的原意不符了。

链接:可以不用"的"的情况

名词、动词、形容词都可以加"的"来修饰名词,不过,也可以直接修饰,不一定需要"的"字出现。以下这些情况都可以不出现"的":

意义已经固定的,不用"的"字。如"景德镇陶瓷、储备资金、相对静止"。

单音节形容词后面一般不用"的",表强调时可以加。如"穿红衣服吧,我说应该穿红的衣服"。

修饰语和中心语经常组合的,可加可不加"的",如"我们(的)公司、教学(的)计划、幸福(的)生活"。

需要注意的是,动词做名词的修辞语,不管动词是单音节的还是双音词的,一般都要加"的"。例如,"蒸鸡蛋"如果指的是"鸡蛋是蒸熟的",就要说成"蒸的鸡蛋";而"学习文件"要表示"学习所用的文件"意思时,要说成"学习的文件"。否则,都会产生歧义。

语法病句\句法病句

所谓"所"

[病例] 1. 这就是我以前所工作过的中学,现在我还经常去。

2. 由于社会历史条件不同,在某一时期中,经济、文化、科学技术的发展和生产水平有所高低,工资和生活水平不免悬殊,但这些只是在社会发展进程中的一种暂时的必然会变化的现象。

3. 我们每讲一句话都要让亲者所快、仇者所恨,而不能相反。

4. 你们的产品不但在国内受欢迎,在国外也受很多人士所喜爱。

【诊断】

例1中的"所"应删去。例2中"有所高低"应为"有高有低"。例3中的两个"所"都应删去。例4中的第二个"受"应改为"被"或者"为"。助词"所"误用。

【辨析】

所,是一个常见的助词,它是从古代汉语中遗留下来的,现在多用于书面语。它有一个特殊的作用,就是与动词连用构成"所+动"的结构。动词一旦与"所"联合,就变成名词性的短语了。

"所+动"的结构常常加上"的"来修饰名词,如"所认识的人、所了解的情况"。这时候,被修饰的名词应该是前面动词所表示的动作的接受者。例1中的"中学"是"工作"的处所,而不是受事,所以,这个"所"是不能用的,要删去。

"所"只能加在动词的前面,而不能用在形容词之前。例2中的"高低"是形容词,不能用在"所"的后面,要改为"有高有低"。

"所+动"之后就变成名词性短语了,因此,不能再单独充当谓语。例3的"所快""所恨"都是名词性短语,不能做"亲者""仇者"的谓语。所以,这两个"所"都应去掉。

"所"还可以表示被动,一般用在"为+名+所+动"的格式中,如"为实践所证明""为情所困",但是不会和"受"结合。所以,例4后面一个分句中的"受"应改为"被"或者"为"。

链接:包含"所"的惯用语

"所"是从文言文中遗留下来的虚词,现代汉语中包含"所"字的惯用语还有不少,例如:闻所未闻、为所欲为、各有所长、大失所望、众所周知、无所不用其极、答非所问。

理解了上面所讲的"所"字的用法,这些惯用语的意义也就一目了然了。

语法病句 \ 句法病句

"各位专家们"的问题

[病例] 1. 对于是否在京沪两地间建设特种铁路的问题,各位专家们的意见并不相同。
2. 花园很久没有人打理,很多野猫们就在里面安了家。
3. 当时有不少的人们参与了这场讨论。

【诊断】

上面三个例句中的"们"都应该删去。助词"们"误用。

【辨析】

汉语中表达复数,"们"是非常重要的。"们"用在"你、我、他、咱、它"之后,是表示复数的词尾。

用在指人的名词或者短语的后面,是表示复数的数量助词,例如:"人们被这一突如其来的消息吓坏了。""村里的老太太、姑娘们都去邻村赶集去了。"

用"们"表达复数有两条限制:

1. 如果名词已经受数量短语修饰或者在上下文中已经表明是复数,就不必在名词后面再加"们",所以,不可以说"各位专家们"。"人们"可以说,可是"不少的人们"就不行了,因为有"不少"来表明复数。

2. 只有指人的名词可以加"们",指物的名词不能加"们",不说"花们、狗们","野猫们"自然也不能说了。有些文学作品使用拟人的手法时除外,例如:青藏铁路上的火车们跑得格外地卖力。

链接：汉语表示复数的方法

大部分欧洲语言如英语、法语中的名词都有"数"的范畴，将名词分为单数和复数，而汉语中只有一部分指人的名词有跟这些语言类似的"数"的范畴，它们可以加上"们"来表示复数。

汉语名词本身并不表示单数或者复数。例如"花开了"，可以是一朵花，也可以是很多花，只有依靠上下文才可以知道花的数量。

"们"并不等于欧洲语言中的复数词尾，不是任何多于一个人的情况都得加个"们"。

汉语有很多形式表示复数，我们简单地举些例子：

在名词前面加数量短语，如：七八棵树、三斤苹果。

在名词前面加"各、其他"等来修饰，如：各班、其他顾客。

有一些名词本身就有集体意义，表示复数，如：群众、听众、阶级、军队。

语法病句\句法病句

提问的语气

[病例] 1. 这家饭店你很可能吃过了吗?
2. 莫非你不相信你的亲人反而去听信他人的流言蜚语呢?

【诊断】

例1中的"吗"应为"吧"。例2中的"呢"应为"吗"。语气词误用。

【辨析】

"吗"和"吧"都是语气词,都用在疑问句里,可是它们的意思却是相反的。

"吧"表示基本上相信,但是还有少许怀疑,需要对方给予确认,所以,句子中常常会有"一定""很可能""八成"这样的词语。例1的意思是:我猜想你很可能在这家饭店吃过饭。句子里已经出现了表示揣测或肯定的副词,就只能用"吧",不能用"吗"了。

例2从疑问句的结构类型来讲是一个是非问句,是非问句只能用"吗",不能用"呢"。这个句子从交际类型来看是一个反问句,反问句常常用"难道"与"吗"搭配表示责问和不满。

链接:"吗"和"吧"的用法

"吗"和"吧"都是语气词,都可以用在疑问句里,但在用法上有不同。

"吗"有两种用法,一是用在是非问句的末尾,希望得到肯定或者否定的回答。例如:"您明天走吗?""她不吃羊肉吗?"二是用于反问,带有质问和责备的语气,常常与副词"难道"呼应。例如:"这些道理不是很明白吗?""难道你还会相信他吗?"

"吧"的用法相对复杂些。"吧"和"吗"一样,可以用在问句的末尾,但是往往不是单纯的提问,而是带有揣测的语气。除了用在问句里,"吧"还有很多其他的用法。例如:

用在祈使句的末尾,表示命令、请求和催促。如:你再想想吧!

用在"好、可以、行"等后面,表示应答、同意。如:好吧。

用在句子中间表示停顿。如:去吧,太远;不去吧,又不礼貌。

用在"动词+就+动词"的格式的后面,表示"没关系"。如:输就输了吧,下次再来。

可见,"吗"作为语气词,意义相对简单,多表示疑问;而"吧"的意义和用法则要复杂得多。

"催眠法有限",是什么有限?

[病例] 1. 现在心理治疗中常常使用催眠法。它有效,但有限。临床使用应由医生和病人共同决定。
2. 经过这次报告,对大家很有教育意义。
3. 在那美丽的西沙岛上,是我祖祖辈辈生活的地方。

【诊断】

例1中的"有限"的前面应加上"效果"或者"适用对象"。例2中的"经过"应该删去。例3中的"在那美丽的西沙岛上"应为"那美丽的西沙岛"。主语残缺。

【辨析】

例1中的"它有效,但有限"的意思应该是想说:催眠法有效,但催眠的效果或者适用的对象其实是有限的。"催眠法有限"显然不通,催眠作为一种方法是无所谓有限无限的,所以要给"有限"添加一个主语"效果"或者"适用对象"。

介词结构使用不当,往往会造成结构残缺。例2、例3都是如此。"经过这次报告"作为一个介词结构是不能做主语的,这样,整个句子就缺少了一个主语。所以,可以把"经过"去掉,直接用"这次报告"做主语。例3中的"在那美丽的西沙岛上"是一个介词结构,也不可以做主语。所以,不如直接用"那美丽的西沙岛"做主语。

链接：主语的省略

主语残缺是一种语病。但是有时候，主语是可以省略的。省略和残缺的不同在于，省略了的主语是什么很明确，能够确定无疑地补出来，而残缺的主语则不明确。

主语省略的例子有：

1. 朋友到了西安，（　）马上就打电话来报了平安。(后一个分句省略了主语"朋友"，是承前面一个分句的主语省略的。)

2. 昨天我在路上看到一个小姑娘，（　）穿着新疆小花裙，（　）漂亮极了。(后面两个分句都省略了主语"小姑娘"，是承前面第一个分句的宾语省略的。)

3. 凭他的水平，（　）绝对能通过这场考试。(后面一个分句省略了主语"他"，是承前面介词结构中的定语省略的。)

4.（　）掌握了拼音，我们学习电脑打字就方便多了。(前面一个分句省略了主语"我们"，是蒙后面一个分句的主语省略的。)

主语的省略是汉语里最常见的省略，上面只是其中的几种情况。

另外，汉语中还有一些句式语法上就不可能出现主语。如非主谓句(即单句中不能分出主语和谓语的句子)中的动词性非主谓句和形容词性非主谓句。

动词性的如："下雨了。""严禁摄影。""干了。"

形容词性的如："好极了！""真棒！"

语法病句 \ 句法病句

"为了新中国"做什么？

[病例] 1. 无数的前辈为了把我国建设成民主和繁荣的新中国。
2. 我公司必须建立新的规章制度等一系列工作。
3. 虽然他刚进校不久的青年教师，但是教学效果很好。

【诊断】

例1中"新中国"的后面应加上一个谓语，如"贡献了全部的青春和热情"。例2中"等一系列工作"应删去，或者在"必须"的后面加"开展"。例3在"他"的后面要加"是"。谓语残缺。

【辨析】

电影《董存瑞》在结尾处，有一个感人的镜头，就是董存瑞手举着炸药包，拉开引线，高呼着口号，与敌人同归于尽。他高喊的就是："为了新中国，前进！"

例1如果去掉修饰性的内容，和这句口号很接近："前辈为了新中国"，可是这句话没有谓语，也就没有说完，为了新中国怎么样呢？董存瑞的话是有谓语的，例1"新中国"的后面也应加上一个谓语。误将介词结构当谓语，是谓语残缺的常见毛病。

"建立新的规章制度等一系列工作"中所谓的"一系列工作"包括"建立新的规章制度"，整个短语是以"一系列工作"为中心语的。如果用它做宾语，那么，句子中就没有谓语动词来支配它,这个宾语就无所依托了,所以,我们要在它前面加上谓语"开展"。当然,我们也可以把"等一系列工作"删去,这样"建立"就独立出来做谓语,而"新的规章制度"就变成宾语了。

例3缺了判断动词"是",它应该是"刚进校不久的青年教师"的谓语。

链接:谓语的省略

在对话的应答句中,或者在祈使句中,有时也可以省略谓语。省略谓语的情况不及省略主语那么普遍,情况也相对简单一些。例如:

1. "今天谁值班?""我( )。"(应答句省略了谓语"值班"。)

2. 你要想走就快点儿( )。(这是一个紧缩复句,后面省略了谓语"走"。)

另外,名词性非主谓句看上去也是没有谓语的,如表达感受的"好热的天气!"和打招呼的"李老师!"。但是它和谓语的残缺以及谓语的省略都有不同。与前者的不同在于,它不是缺少谓语,而是根本就没有出现谓语的必要,其本身意义已经完整,在语义上并不缺少什么。与后者的区别更明显,它根本就没有谓语可以被省略。

当然,有的时候我们也会在大街上看到这样的标语或者广告,比如"为了新上海、为了孩子"。这也不属于谓语残缺类的病句,因为标语和广告,还包括文章的标题等等,都有特殊的语境,允许对语句进行艺术性的改造,是语言使用中的特殊情况。

语法病句 \ 句法病句

"赛龙舟"如何保留?

[病例] 1. 在中国内地的很多大城市已经很少看见赛龙舟的景象,可是繁荣的国际大都市香港却还保留着端午节赛龙舟以纪念伟大的爱国诗人屈原。

2. 这个集团目前已成为拥有11个专业公司、2个研究所和3个生产厂,现有固定资产6500万元。

3. 在我走进师范大学的校门,我就决心毕业后做一名教师。

【诊断】

例1中"屈原"的后面应加上"的习俗"。例2最后应该加上"的大型跨国企业"。例3中"校门"的后面应加上"的时候"。宾语残缺。

【辨析】

例1是个复句,第二个分句很长,可以减缩为"香港保留赛龙舟"。这句话是什么意思呢?到底是保留赛龙舟?保留龙舟?还是保留习俗?

"香港保留赛龙舟"是个病句,因为"赛龙舟"不能作为"保留"的宾语,谓语动词"保留"则因为没有宾语"习俗"而落空了。如果添上宾语"习俗",前面的"端午节赛龙舟以纪念伟大的爱国诗人屈原"就可以做这个宾语的定语了。

和例1一样,例2也是因为定语过长而忘记出现宾语了。句中的谓语是"成为",要求有一个名词性的宾语,而"拥有11个专业公司、2个研究所和3个生产厂,现有固定资产6500万元"只能做定语。

例3中的介词"在"也缺少一个宾语"时候"。汉语里的介词结构一般要求每个介词都要带上一个宾语,没有这个宾语,介词表达的意思就不完整了。

汉语中的宾语是相对于动词和介词而言的,所以,宾语残缺就会有上述两种情况:动词缺少宾语和介词缺少宾语。

链接:宾语的省略

在复句中,宾语省略的情况较为常见。主要是后面一个分句承前省略了宾语,例如:

1. 昨天我的朋友在那家商店买了不少打了折的漂亮衣服,我也想去买( )。(后面一个分句承前省略了宾语"打了折的漂亮衣服"。)

2. 我们系的系花戴上了大大的头花,马上就有很多女生也戴了( )。(后面一个分句承前省略了宾语"大大的头花"。)

介词宾语一般不可以省略,但是由"比"构成的介词宾语可以省略其中的一部分成分,例如:"她的头发比我( )长。"这个句子中"比"的完整宾语应该是"我的头发",这里就省略了这个宾语的一部分"的头发"。

汉语"被"字句中,"被"字后面的宾语也可以被省略。如:"花瓶被小猫碰倒了。"这个句子中的"小猫"是介词"被"的宾语,可以省略,说成"花瓶被碰倒了"。

语法病句 \ 句法病句

举棋不定成杂糅

[病例] 1. 我们应该把这个好消息让大家快点儿知道。
2. 学校本着节俭和隆重相结合为原则,重新安排了开学典礼的计划。

【诊断】

例1中的"把这个好消息让大家快点儿知道"应为"把这个好消息快点儿告诉大家"或者"让大家快点儿知道这个好消息"。例2中的"本着节俭和隆重相结合为原则"应为"本着节俭和隆重相结合的原则"或者"以节俭和隆重相结合为原则"。句式杂糅。

【辨析】

"把这个消息让大家知道",这个句子读起来多么饶舌啊!究其原因,是一个"把"字句和一个被动句纠结在一起了。这样的语病就叫"句式杂糅",即把两种不同的句式结构套叠在一起,造成句子的结构不合规则,句子的意义混乱费解。

例2的情况也是如此,"本着……的原则"和"以……为原则"是两种固定的说法,已经成为语言习惯,不应该随便糅合在一起。

同一个意思,可以选择不同的句式来表达,但是每次只能选择一种句式,不能兼用。如果举棋不定,既想用这个句式,又想用另一个,结果两个都用了,就产生了语病。这样生硬凑合,很容易造成句子结构的纠缠不清,形成"句式杂糅"。

"句式杂糅"和下一篇将要谈到的"结构牵连"都可以归入"结构纠缠"这类句法错误中。顾名思义,"结构纠缠"是指把结构不同的几种说法混杂在一起,或者把本该分开的说法扯到一块儿。这类由于结构上的纠缠不清、杂乱无章而导致的错误,最常见的就是"句式杂糅"和"结构牵连"这两种。

链接:汉语的句式

汉语的句式是指有特殊词语或者特殊表达方式的句子类型,它比较集中地体现了汉语句子的结构特点和语义表达上的特色。

我们可以根据不同的标准来给句式分类:

1. 以句子的特殊语义表达作用为标准,可以分为:存现句(如:船头上挂着一面国旗。)、比较句(如:这家店的点心比那家实惠。)、被动句(如:树上的桃子都被小鸟咬坏了。)等。

2. 以句子中间出现的某个特殊词语为标准,可以分为:把字句(如:他早早地把茶泡好了。)、有字句(如:从前村里有个卖馄饨的老汉。)、是字句(如:他是一名教师。)等。

这些句式往往都有习惯性的表达范围和约定俗成的格式,这些固定的格式也成了语法规范的一部分。

语法病句\句法病句

藕断丝连的句子

[病例] 1. 胡小姐从杭州寄了一封挂号信到上海金沙江路895弄李小姐收。
2. 昨天下午，我走过展览馆，看到了一张海报引起了我的注意。

【诊断】

例1应改为："胡小姐从杭州寄了一封挂号信，上面写着：上海金沙江路895弄李小姐收。"或者改为："胡小姐从杭州给上海金沙江路895弄的李小姐寄了一封挂号信。"例2中的"看到了一张海报引起了我的注意"应改为"看到了一张海报，它引起了我的注意"。结构牵连。

【辨析】

上面的两个病例都有共同的一个特点，就是句子超长，叫人一口气读下来上气不接下气。这样的长句子原本应该是两个甚至多个句子分开来说的，现在都生硬地拉扯到了一起，凑合成一句。这样的语病就叫作"结构牵连"。

修改这样的句子，特别需要耐心，要小心地把硬拼在一起的句子分开。

链接：汉语的句型

句子是前后有停顿、带有一定的语调，表示相对完整的意义，用来进行交际的基本语言单位。句型是按照句子的结构模式划分出来的类型。

汉语的句型并不复杂，但是层次较多。

首先,汉语的句子可以分为单句和复句。单句结构简单,复句包含两个或者两个以上的分句。

单句又可以根据整体结构是不是完整的主谓短语这一标准分为主谓句和非主谓句。复句则可分为并列、递进、选择、转折等多个类型。

在主谓句中,又可以根据谓语性质的不同分为名词性谓语句(如:今天星期三。)、动词性谓语句(如:我在看书。)和形容词性谓语句(如:她很可爱!);而在非主谓句中,可以分为名词性非主谓句(如:好漂亮的风景!)、动词性非主谓句(如:下雨了。)、形容词性非主谓句(如:好极了!)和特殊非主谓句(如:啊?)。

当然,这些类型还可以继续细分下去。

颇有讲究的"把"字句

[病例] 1. 公司已经把你的要求讨论。
2. 她把整个事情知道了以后,非常伤心。
3. 我把事情想弄清楚。
4. 他把两本书借走了。
5. 与作家不同的是,摄影家们把自己对山川、草木、城市、乡野的感受没有倾注于笔下,而是直接聚焦于镜头。

【诊断】

例1中"讨论"的后面应该加"过了"。例2中"知道"应为"听完"。例3中的"想"应在"把"的前面。例4中的"两本书"应为"那两本书"。例5中的"没有"应在"把"的前面。"把"字句失误。

【辨析】

"把"字句的用法颇有讲究。

首先,"把"字句的谓语部分要求动词是个复杂的结构,不可以是光杆动词。例1的错误就属此类。避免光杆动词有很多方法,如动词后面加"了、着"、带补语(如:把领带系好)、带宾语(如:把你当朋友)、带状语(如:把椅子往前一挪)、动词重叠(如:把头发梳梳)。

其次,构成"把"字句的动词一般要带有较强的动作性,而联系动词(如:有、在、是、像、姓、属于)、感受动词(如:赞成、觉得、相信、希望、主张、要求、看见)和趋向动词(如:上、下、进、出、离开、到达、接近)都缺乏动作性，都不宜构成"把"字句。例2中的"知道"就是感受动词，应改为"听"这个行为动词。

第三，否定词和助动词只能出现在"把"字之前，而不是之后。所以，例3中的"想"和例5中的"没有"都要从"把"的后面移到前面。

最后，"把"的宾语一般总是动作的受事，但有时也可以是工具、处所等等。这个宾语一般是有所指的、已知的信息，或者至少是说话人已知的。例4中的"两本书"属于不定指，没有定指是哪两本书，所以，要改为定指的"那两本书"。

链接："把"字句的语法意义

介词"把"的作用主要是引进动词所支配和关涉的对象。

"把"字句的语法意义是表示由于某种动作或者原因的影响而产生某种结果或者状态，例如："他把米饭煮糊了。"这个句子的意思即"他煮米饭"，米饭因为"煮"这个行为而产生了"糊"的状态。所以，"把"字句里一般都要出现表示结果或者状态的词语。

"被"字句的诸多要求

[病例] 1. 老人的意图被我们没有理解。
2. 经过十多天,船一直被漂到海南岛最南端才得以靠岸。
3. 他被应邀在许多著名交响乐团里担任黑管独奏。

【诊断】

例1中的"没有"应在"被"的前面。例2中的"漂"应为"刮"。例3中的"被"应删去。"被"字句失误。

【辨析】

"被"字句是汉语里表示被动的句子。"被"字句的使用有很多要求。

第一,被动句里的动词必须是动作性较强的及物动词,像例2中的"漂"是不及物动词,就不可以构成被动句,而要改为及物动词"刮"。

第二,被动句的否定形式中否定词"没有、不"要在"被"字的前面,所以,例1要改为"老人的意图没有被我们理解"。

另外,有些词语本身就带有被动的意思,如"受命、挨打",就不能再用"被"了。例3中的"应邀"就是"接受邀请",本身就是被动的,"被接受邀请"累赘不通,"被"字应删去。

链接:"被"字句的语法意义

"被"字句表示被动的意义,介词"被"的作用是引入动词的施事,"被"字结构做谓语的状语,主语是谓语动词的受事。

"被"字句形成的被动句往往用来表述不如意的事情,这种不如意一般是针对主语而言的,如"被欺骗、被欺负"。

口语里,"被"字常常可以用"叫、让、给"来替代。

被动句里的动词通常是动作性较强的及物动词,这些动词需要以复杂形式出现,动词后面要加上别的成分,而不能是光杆动词。"被"字句里动词复杂化的方式很多,如:加补语(如"扣子被孩子拉掉了")、加宾语(如"水被冻成了冰")、加"着、了、过"(如"小手被妈妈拉着")等,或者动词本身就是双音节的也可以(如"下水管又被堵塞了")。

不过,"被"字句中的谓语动词比"把"字句宽泛,有些不能进入"把"字句的认知动词、心理动词也能进入"被"字句,如"知道、批准、讨厌"等等。

另外,"被"的宾语表示动作的施事,而这个施事有时不可知或者不必说出来,所以"被"的宾语可以不出现在句子中,"被"字直接用在动词之前,如"那位选手被淘汰了"。有时,句子被动的意思很明显,连"被"字也可以省略,如"饭吃完了"。

"飘扬了"还是"飘扬着"?

[病例] 1. 天空中飘扬了一面红旗。
2. 管理员经过清点发现,从仓库里少了一件样品。

【诊断】

例1中的"飘扬了"应为"飘扬着"。例2中的"从"应为"在"或者删去"从"。存现句失误。

【辨析】

天空中"飘扬了"还是"飘扬着"一面红旗?"了"和"着"的区别在于:前者表明动作完成后所形成的状态,后者表明动作存在的状态。"飘扬"是一个进行中的动作,一面红旗在风中总是不停地飘动着,是一种持续进行中的动作状态,这样就不可能有"飘扬了"的说法了。从语法上讲,就是把一个动态的存在句误用为隐现句了。

是"从仓库里"还是"在仓库里"少了一件样品?关键在于:介词"从"是动态的,伴随着空间位置的移动;而介词"在"是静态的,不直接涉及空间位置的变化。我们不妨再看这句:"从仓库里拿走了一件样品"。这里的"拿"必然是从仓库里拿到仓库外的,这时就要用一个表示动态的介词"从"。而"仓库里少了一件样品","少"只是说明结果,并不直接指明是怎么少的,也就不会涉及仓库内外空间的变化,所以,要用表示静态的介词"在"。当然,这些介词也是可以省略的。

链接：存现句及其类型

存现句是表示人或事物存在、出现或者消失的句子，一般格式是"处所词＋存现动词＋事物"，可以分为存在句和隐现句两类。

存在句表示什么地方存在什么人或什么事物，可分为：

1. 静态存在句。句中的动词不表示实在的动作（如"是、有"），或者不表示动作的进行，只表示存在的方式。如：校园里有一条小河。

2. 动态存在句。句中的动词表示正在进行中的动作，如：空气中弥漫着青草的气息。

需要注意的是，表示静态的存在，可以用"动词＋着"的形式，也可以用"动词＋了"的形式。比如，"柜子上搁着一盆兰花"也可以说成"柜子上搁了一盆兰花"。

隐现句表示什么地方出现了，或者消失了什么人或事物，也可分为两类：

1. 移位性隐现句。事物的出现和消失伴随着空间位置的变化，如：梨树上飞来了许多蜜蜂。

2. 非移位性隐现句。事物的出现和消失不直接涉及空间位置的变化，如：梨树上长出了六只大梨子。

语法病句\句法病句

把句子分开说

[病例] 1.长江、长城、黄山、黄河,这是多么亲切的名字啊!

2.为了参加拉丁舞比赛,我跟着教练用了两个月的时间练习规定的这种舞蹈:伦巴和桑巴。

【诊断】

例1中的"这"应为"这些"。例2中的"这"应为"这两"。提示成分使用不当。

【辨析】

汉语的句子中有一种特殊成分,它不是句中的一个结构成分,也不是其中某个短语的成分,不能独立成句而是附属于句子,但是在语义表达上有特殊的作用。其中比较典型的就是提示成分。

使用提示成分,有时是由于某个成分较长,放在原来的位置上会嫌笨重,比如:"长江、长城、黄山、黄河是多么亲切的名字啊!"这个句子没问题,可是主语太长。例1试图用提示成分"这"来复指"长江、长城、黄山、黄河",这样的话,语句简明,前后联系也更明朗。这个想法是好的,只是"长江、长城、黄山、黄河"是四个名字,是复数,要用"这些"而不是"这"来做提示成分。

例2则是出于积极的考虑,想通过单说"伦巴和桑巴",把它们凸显出来。只是提示成分和句中的成分没有呼应。前面说学了"这种舞蹈",显然是一种,而后面则出现了"伦巴和桑巴"，却是两种。

提示成分是汉语固有的活泼生动的形式，把原有的长句分开说，既可以避免累赘冗长，也可以突出强调句中的某些成分。但是用起来要格外小心，一不留神就会有一些词句变得像上面的病例一样无组织、无着落。

链接：提示成分的类型

提示成分有两种：称代式提示成分和总分式提示成分。用在句首的提示成分一般多是说话的主题，而用在句末的一般则用来补充语义。

称代式提示成分出现在句前或是句后，不充当句子里的一个成分，但在句中与称代词在语义上的所指是一样的。例如，修改过的例1就属于这一种。其中"长江、长城、黄山、黄河"是称代式提示成分，"这些"是句中的称代词，两者构成复指关系。

总分式提示成分跟句中的某个成分之间有总说和分说的关系。它也不充当句子里的一个成分，出现在句子的前面或者后面。例如，修改过的例2，其中"伦巴和桑巴"出现在句末，和句中的"这两种舞蹈"是分说和总说的关系，起到补充语义的作用。

语法病句 \ 句法病句

多说一句的规矩

[病例] 1. 民办——以前也叫作私立学校——的前途怎么样,谁也不敢说。

2. 15年前,香港爆发了非典型性肺炎,就是发生在2003年,我戴着口罩上了好几个月的培训课。

3. 与会代表对中国经济给予了很高的评价,尤其是沿海开放城市的经济发展成就。

4. 我们要向一切(不管什么人)内行的人们学习管理。

【诊断】

例1中"民办"的后面要加"学校"。例2中前面三个分句宜改为"15年前,也就是2003年,香港爆发了非典型性肺炎"。例3宜改为"与会代表对中国,尤其是沿海开放城市的经济发展成就给予了很高的评价"。例4中的"(不管什么人)"应该改在"人们"的后面。追补不当。

【辨析】

言语交际过程中,经常会在句子中间临时插入一些成分。从语法上看,这些成分并不是必需的,但是从表达的效果上看,却有着特殊的作用。这就是所谓的"插说",其中比较典型的就是"追补语"。追补语在书面上常常以破折号、括号和逗号来表现。

追补语因为是临时插入的,所以,如果删去这些成分,句子的结构也应该完整。例1中的第一个分句如果删去插说的话,就变成了"民办的前途怎么样",意思显然不完整。

由于话插在中间，有时说话人会把原本追补的话当成主干性的句子。例2中，"2003年"应该是"15年前"的补充说明，却错误地成了一个独立的分句，造成了意义的不通畅。

以"尤其是、特别是"引领的分句是从西方语言借鉴的句式。例3主干分句中介词"对"的宾语应该是"中国经济的发展成就"，这是代表们"评价"的对象，在主干分句中并没有完全出现，而是出现在追补语中。可是追补的话是可以被省略的，这样就容易造成主干分句语法结构的搭配不当。

另外，追补的话要和与其意义相关的成分紧密相连。例4中的"不管什么人"是对"一切内行的人们"的注释，而不是对"一切"的说明，所以，放在"一切"后面是不妥当的。

追补的成分不可影响主干句子结构的完整性，还应紧贴需要说明、补充或者修正的成分，也不可越位成主干句子。

链接：追补语的类型

追补语约有五种：

1.说明型，即对前文的某个词语进行注释和说明。如上面的例2和例4。

2.补充型，即对前文从不同角度进行补充。如上面的例1和例3。

3.逻辑型，即对前文从逻辑方面进行限制，包括条件、递进、选择等。如：她刚买了一台电视机——而且很贵——怎么又要买一台呢？

4.评述型，即对前文表示评述性意见，常带有感情色彩。如：咱们换季的时候去买打折的衣服——打折的衣服质量也不错的——能省不少钱呢。

5.修正型，发现前文不够准确，或有错误，临时进行修正。如：你吃晚饭——不，不，是午饭——了吗？

语法病句 \ 句法病句

猫头鹰作为益鸟的好处

[病例] 1. 因为猫头鹰是益鸟,要好好保护它。
    2. 他不但找到了工作,精神面貌改变了。

【诊断】

例1中第二个分句的开头应加上"所以"。例2中"改变"的前面应加上"也"。缺少关联词语。

【辨析】

猫头鹰是老鼠的天敌,对人类而言是益鸟。得到人类的保护是它作为益鸟的回报。可见,例1显然是个因果关系的复句,前面一个分句用了"因为",而后面一个分句则少了"所以"。少了后面这个关联词语,猫头鹰作为益鸟的"好处"就无法突出了。

同样,例2作为一个递进关系的复句,表达的重心也在后面一个分句,所以,后面一个分句里的关联词语也是不可缺少的。也就是说,只用"也"不用"不但"没什么关系,但是只用"不但"不用"也"就站不住了。例2就是因为没有用"也"而让人感到话没有说完,但是"他找到了工作,精神面貌也改变了"却是可以的。

链接:复句与关联词语的有无

一个复句包含几个分句。分句之间的联系是通过语序和关联词语来实现的。语序即分句之间的排列顺序,关联词语是指复句的分句之间专门起关联作用的词或者习惯用语。

有些复句之间的联系只是通过语序来表示,并不需要关联词语。例如：

他接到同事的电话，立刻出发，叫了一辆出租车，直奔医院手术室。

这句话将他接到电话到奔到手术室的过程按照时间的顺序讲了出来，分句之间的衔接凭借语序，用不上关联词语。

也有一些复句是可用可不用关联词语的，但是以不用更为常见，例如：

今天没有你帮忙，估计写不完这份报告了。

这个复句可以在第一个分句里用上关联词语"如果"，但并不是非用不可的。

当然，在多数情况下，尤其是在书面语里，关联词语还是需要的。关联词语的作用在于显示分句之间的逻辑关系，恰当地使用关联词语可以增强复句和句群的逻辑力量。如果分句之间的关系比较复杂，就更需要关联词语来连接了。例如：

细想起来，他半辈子里<u>不是</u>风，<u>就是</u>雨，<u>不是</u>血，<u>就是</u>泪，<u>才</u>过了几天好日子。

如果我们把这个例子中下划线部分的关联词语都删去，句子就衔接不起来了。而且句子中的逻辑关系也不清楚了。

语法病句\句法病句

"因为""因此"挤得慌

[病例] 1. 因为股票行情看涨,储蓄的利率又低,因此大批百姓都把积蓄一股脑儿地投进了股市。
2. 即使明天下大雨,但是他也要去爬长城。
3. 家族里的男人大多当了兵。然而,小时候,我也想长大后成为军人,而我却阴差阳错地成了歌唱家。

【诊断】

例1中的"因此"应为"所以",或者将"因为"删去。例2中的"但是"应删去。例3中的"然而"应删去。滥用关联词语。

【辨析】

例1中又是"因为",又是"因此",两个关联词语打作一团,真是挤得慌。"因此"是一个单用的关联词语,如果"因为"硬要和它搭配,就多余了。这是由于"因此"里面已经包含有"因为……所以……"的意思了。所以,"因为""因此"只能两者选其一,要么将"因此"改为"所以",要么将"因为"删去。

例2中的"但是"完全没有必要,画蛇添足。"即使……也……"是一个让步复句,分句的意义之间是"假设让步—转折"的关系,已经带有转折的意思,就不必再重复说"但是"了。

例3中"我也想长大后成为军人"和前面"家族里的

男人大多当了兵"之间并无转折的关系,中间这个"然而"是错误的。"我也想长大后成为军人"与"我当了歌唱家"存在转折关系,但这里已经有了一个"而","然而"无疑就是多余的了。

不必用关联词语而硬用,就是"滥用"了。

链接:关联词语的单用

关联词语绝大部分都要成双配对、前后照应,只有少数可以单独使用,如:因此、因而、以致、可见、以免、从而、以便、为了。多数出现在因果复句和目的复句中。

当然,并不是在所有的情况下,这些关联词语都要成对出现的。在不引起歧义的前提下,一个关联词语足以显示前后分句之间的意义关系,就可以省略其中的一个,单用一个就可以了。例如:

因为今年夏天实在太热,一放暑假,孩子们就到昆明去避暑了。

这里,因果关系非常明显,第一个分句之后就省略了表示结果的"所以"。

在倒装的偏正复句中,省略一个关联词语的现象更为常见。例如:

大海总是那么的神秘莫测,即使是在风平浪静的日子。

这个句子就省略了与"即使"搭配的"也",这样的复句文学意味更重一些。

语法病句 \ 句法病句

为什么"要后悔"?

[病例] 1. 如果你认为这样做是对的,那你为什么要后悔呢?
2. 井村老师对我们要求很严格,但是她非常值得我们钦佩。

【诊断】

例1中的"如果"应为"既然"。例2中的"但是"应删去。错用关联词语。

【辨析】

所谓"后悔",也就是"事后懊悔"的意思。例1中的"如果"表示假设,也就是还没有变成事实的事情,但是后面一个分句里有"后悔",能够被后悔的事情当然是已经发生了的。所以,要改为"既然"。

例2源自一条新闻,报道了国家花样游泳队教练井村老师的事迹。这句话是队员对教练的评价。可以看出,这个评价是正面的,可是这个"但是"却用得很不妥当。"要求很严格"是优点,理应受到钦佩,那么,为什么要用表示转折意义的"但是"呢?除非,我们把前面一句改为"井村老师对我们要求很苛刻"这样带有批评意味的话语,后面的分句才可以保留"但是"这个关联词语。

关联词语的功能表面上看起来只是连接前后的分句。但是,从本质上来说,它是分句间逻辑意义最明确的关系标志。上面的病例都是需要表达的意思和关联词语的逻辑意义不吻合而造成的,所以,句子的意思就有些"拧"了。

链接：关联词语与分句间的不同关系

关联词语是分句间逻辑意义的集中体现，复句的意义很大程度上是靠关联词语来标志逻辑关系的。关联词语用错了，句子的意思就很难准确地表达。同样的两个分句，用上不同的关联词语，就会组成关系完全不同的复句。例如：

1. 因为下了大雨，所以我们没有去爬山。
2. 虽然下了大雨，我们还是去爬山了。
3. 如果下大雨，我们就不去爬山了。
4. 即使下大雨，我们也要去爬山。

由于用上了四组不同的关联词语，上面四个复句前后分句的逻辑关系也就不同了，而且意义也大有区别：有的表示已经下雨了，有的只是假设；有的表示"没有爬山"已经是现实，有的还只是设想。

"既"和"而且"不相容

[病例] 1. 学校的教学水平,既取决于教师质量,而且取决于学生的素质。

2. 只要你去请,他也许还能来。

3. 瑶瑶小姐穿衣服非常讲究,一不会太时髦,又不会太过时,总是恰到好处。

【诊断】

例1中的"而且"应为"又"。例2中的"只要"应为"只有"。例3中的"一不会"应为"既不会"。关联词语搭配不当。

【辨析】

"既"和"而且"虽然都是关联词语,但是它们并不相容,因而它们各自都有自己习惯了的"伴侣"——"既"总是和"又"成双成对,而"而且"喜欢和"不仅"结伴而行。硬要把"既"和"而且"放进一个复句里,就成了"乱点鸳鸯",感觉别扭了。

例2也有同样的问题,"只要"和"还"也是"强扭的瓜"——"只要"常和"就"搭配,"只有"常和"还、才"搭配,不能互换。不仅如此,这两组搭配的意义也有区别。"只要……就……"表示充分条件,也就是最低的要求,言下之意是还可能有更多更高的条件可以达到同样的效果;"只有……才……"表示的条件是唯一有效的,是必要条件,即最高条件,没有它就不行。从例2的意思来看,如果你不去请,他是一定不会来的。所以,"你去"

是"他来"的必要条件,因此较好的改法是"只有你去请,他也许还能来"。

例3也是如此。"一不会"要跟"二不会"搭配,"又不会"是和"既不会"搭配的。例3东拉一个,西拽一个,凑不到一块儿。

链接:关联词语的类型

关联词语是起关联作用的词和短语,主要有三类:

第一,大部分的连词。例如"不论……都……""即使……也……"中的"不论"和"即使"。它们作为一种语法手段只起到关联的作用,并不充当语法成分。而像"和、跟、同、与、及"等连词,只能连接词和词组,不能连接分句,就不能充当关联词语了。

第二,副词。像"不论……都……""即使……也……"中的"都"和"也"。它们既做状语,又起关联作用,身兼两职。

第三,少量的习惯用语,如"总而言之""一方面……另一方面……"。这些固定短语在充当独立成分的同时,也起到关联作用。

绝大部分的关联词语都要成双配对,前后照应。一般都是连词与连词照应、副词和连词照应、副词和副词照应、习惯用语和习惯用语照应。这些搭配都可以在上面三种类型的例子中看到。

语法病句 \ 句法病句

"不仅"放在哪儿?

[病例] 1. 不仅他的太太很漂亮,而且还很会做生意。
2. 以免无谓地请客花钱,他从不与同事一起吃饭看电影。

【诊断】

例1中"不仅"应放在"他的太太"之后。例2中的"以免"应为"为了避免",或者将前后分句的位置互换。关联词语位置不当。

【辨析】

关联词语"不仅"可以放在第一个分句主语的前面,但是这时候两个分句的主语往往是不同的。例如,我们可以说:"不仅他的太太很漂亮,而且他兄弟的太太也很漂亮。"但是,如果两个分句的主语是一样的,第二个分句的主语蒙前面一个分句的主语省略了,那么,"不仅"就要放在第一个分句的主语的后面了。

例2中的"以免"是目的复句中的关联词语。目的复句中一个分句说出目的,另一个分句说出为了这一目的而发生的行为事件。"为了"常用在前面的分句中,而"以免"表示不希望达到的目的,只能用在后面的分句里。

上面两个例子中的关联词语尽管表达的逻辑意义是基本正确的,但是用法上却有失误,出现在句子中的位置不当。这类错误虽然不至于让人读不懂意思,但至少会使这些复句读起来不通畅。

链接:复句的类型与关联词语

按照复句分句之间的关系,可以把复句分为联合复句和偏正复句。

联合复句由两个或者两个以上的分句平等地联合起来,分不出明显的主次。分句间有的不用关联词语,有的用专用的关联词语,如"或者……或者……""不但……而且……""不是……而是……"。

偏正复句由偏句和正句组成,正句是全句的要点所在,偏句从种种关系上去说明、限制正句。分句之间往往要用专用的关联词语。如"如果……就……""宁可……也……"。

偏正复句有两种语序:可以偏句在前,正句在后;也可以偏句在后,正句在前。前一种关联词语,可以成对使用,也可以只用一个,有的还可以不用;后一种关联词语,只能在偏句中用上一个,不能成对使用,也不能不用。比如,只能说"他要在当地多呆一天,因为没有买到当天的飞机票",而不能说成"所以他要在当地多呆一天,因为没有买到当天的飞机票",也不能不用关联词语而说成"他要在当地多呆一天,没有买到当天的飞机票"。

"再说都没有用"?

[病例] 1. 你再说都没有用。
2. 有些时候,广告越新奇怪异,就更能吸引消费者的注意。

【诊断】

例1中的"都"应为"也"。例2中"更"应该改为"越"。紧缩复句误用。

【辨析】

例1是一个紧缩复句,相当于"你即使再说也没有用"。一般而言,紧缩的让步关系通常都是用"再……也……"来表示的,所以,例1就要说成"你再说也没有用"。如果这个紧缩复句里的关联词语一定想用"再……都……"的话,前面"再"后面的内容就要带有"量大"的意味才行。例如,可以说"你再说一千遍都没有用"或者"你再怎么说都没有用"。

紧缩句常用成对、成套的关联词语(或者副词)构成一些固定格式,表示各种关系。例如"越……越……"就是表示条件关系的成套副词,凡是用"越"的时候,前后都要用"越"。例2前面用了"越",后面却用了"更",就不符合一般说话的习惯了。

链接:紧缩复句

紧缩复句就是复句的紧缩形式。它与一般复句相比,有几个特点:分句之间的语气停顿取消了,几个分句之间相同的成分尽可能地合并了,关联词语也尽量地缩减了。

但是紧缩复句还是和单句有着本质的区别：紧缩复句的谓语部分不止一个，前后两个部分之间仍然存在着转折、条件等逻辑关系。除了少数几个格式（如"越……越……"）外，多数紧缩复句都可以扩展为一般复句。

紧缩复句大致可分为三类：

第一类是由成对的关联词语构成的固定格式，常见的有："不……不……"（条件紧缩复句）、"非……不……"（条件紧缩复句）、"越……越……"（条件紧缩复句）、"再……也……"（让步紧缩复句）、"一……就……"（条件紧缩复句）、"不……也……"（让步紧缩复句）。例如："他越老越精神，闹钟一响就起床了。"

第二类是两个谓语中间用一个副词做关联词语。例如："小姜接到弟弟的电话就早早回家了。"（因果紧缩复句）"我排了半天的队却没有买到票。"（转折紧缩复句）

第三类是不用任何关联词语，例如："她很累不想说话。"（因果紧缩复句）"知道了只当不知道的。"（转折紧缩复句）

紧缩复句在口语中经常使用，它精炼紧凑，与一般复句的周密郑重不同。要根据具体情况来选用不同类型的复句。

语义病句\直接成分搭配不当

向"香港输送发电量吗"？

[病例] 1. 这家核电站的发电量，不仅供应内地，还向香港输送。
2. 今天的所见所闻正是我们不愿意看到的。

【诊断】

例1中的"核电站的发电量"应为"核电站所发的电"。例2中的"不愿意看到的"应为"不愿意看到的，也不愿意听到的"。主谓搭配不当。

【辨析】

这家"核电站的发电量"只是一个数字，这个数字就算送到了香港也是无法点亮那颗"东方之珠"的，香港需要被输送的是"核电站所发的电"。"发电量"无法"输送"，从语法上说，就是"发电量"这个主语无法与谓语"输送"搭配。

例2的情况有所不同，它不是主语与谓语完全不能搭配，而是主语与谓语的搭配不完全。主语"所见所闻"既有看见的也有听见的，而谓语只有"看到的"，呼应不全面，因而也属于主谓搭配不当。

链接：主语和谓语及其关系

主语和谓语是一对直接搭配的成分，两者之间是陈述与被陈述的关系。一般情况下，主语出现在谓语的前边。

汉语中，名词和名词性短语、动词和动词性短语、形容词和形容词性短语都可以做主语。例如：

图书馆来了一批新书。

房间里的桌椅和摆设都非常古朴高雅。

以上两句以名词或名词性短语做主语,这是最常见的一种情况。又如:

想想都可怕。

在游泳中学习游泳是一个好办法。

以上两句以动词或动词性短语做主语,这类句子的谓语一般是形容词,或者由"是""有"等不表示动作的短语做谓语。再看:

谦虚是一种美德。

寂寞和惆怅又涌上了心头。

以上两句以形容词或形容词性短语做主语,这类句子的谓语常常是描写性的或者判断性的。

汉语中,名词和名词性短语、动词和动词性短语、形容词和形容词性短语也都可以做谓语。例如:

明天星期六。

像上句这样名词或名词性短语充当谓语的,往往只限于说明时间、天气、价格、年龄、籍贯和容貌等。

我们出去逛逛街吧。

像上例这样由动词或动词性短语充当的谓语,是汉语中最常见的。

今年夏天特别闷热。

像上例这样由形容词或形容词性短语充当的谓语,往往都会有附加成分,如在形容词后面添加助词"了、起来、的"等,或者在前面添加"很、非常、太、特别"等副词。

语义病句\直接成分搭配不当

"培养教练的水平"有点儿难

[病例] 1. 采取各种办法培养和提高健身教练的水平，实在是迫在眉睫。

2. 很多女性对于为什么要减肥，怎么减肥最恰当，这些基本认识都弄不清楚。

3. 官兵们克服各种困难，来建设这座荒无人烟、寸草不生的小岛。

【诊断】

例1中的"培养和"应该删去，或者将"培养和提高健身教练的水平"改为"培养健身教练，提高他们的水平"。例2中的"认识"应该为"问题"。例3中的"建设"应为"改造"。述语和宾语搭配不当。

【辨析】

"培养和提高教练的水平"看来会有难度，因为水平不可以培养，只能提高；被培养的不可能是水平，而只能是教练。这里，动词短语"培养和提高"与宾语"健身教练的水平"没有搭配好。用联合短语来充当句子中的某个成分时，往往都会出现顾此失彼的毛病。

例2中的"认识"是"对于"的宾语，但是意义上要受"弄"的管辖。我们可以说"认识不清楚"，但是不可以说"认识弄不清楚"，因为"认识"是不能被"弄"的，要改为"这些基本问题都弄不清楚"。

例3中动词"建设"的宾语往往要带有美好的意义，是建设的目标。我们说"建设新家园、建设美好家园"，不说"建设旧家园、建设破烂家园"。"荒无人烟、寸草不生的小岛"显然是不美好的,所以,应该将"建设"改为"改造"。

链接:述语和宾语及其关系

述语和宾语是一对直接搭配的成分,两者之间是支配与被支配、关涉与被关涉的关系。述语主要由及物动词来充当,宾语一般是名词或者名词性短语,也可以是非名词性短语。

有些动词还可以带双宾语,常见的有:给、送、输、赢、赔、借、还、教、欠、拿、问、告诉。

述语与宾语的语义关系非常复杂。述语表示动作或者状态,宾语除了表示动作的对象(如"打球")外,还可以表示动作或者状态涉及的结果(如"写文章")、处所(如"写黑板")、工具(如"写钢笔")、方式(如"写草书")和数量(如"写3000字")等等。尽管述宾关系非常复杂,但还是可以概括出若干类型,其中主要类型有:

1. 受事宾语,即述语与宾语大致说来是支配与被支配的关系,宾语往往是动作的接受者。例如:妈妈在花园里种下了一棵梨子树。

2. 施事宾语。宾语所表示的人或物往往是不确定的,动词大多是"坐、站、来、走"之类,这时宾语是动作的发出者。例如:家里来了客人。

3. 关系宾语,即宾语既不是施事,也不是受事。例如:他们都还是学生呢。

语义病句\直接成分搭配不当

"浓厚的眉毛"有多厚?

[病例] 1. 他那两道浓厚的眉毛下面,有一双大而黑的眼睛。
2. 如今,波涛翻滚、汹涌怒吼的河畔处处是一行行绿色的树木,一座座丰收的果园。

【诊断】

例1中的"浓厚的"应为"浓密的"。例2中的"波涛翻滚、汹涌怒吼的河畔"应为"波涛翻滚、汹涌怒吼的黄河的岸边"。定语与中心语搭配不当。

【辨析】

如果真的有人有着"浓厚的眉毛",那么他的眉毛就要有相当的厚度才行,至少要像童话里的圣诞老人,常人的眉毛只能说是"浓密"。并不是说毛发不可以用"浓厚"来形容,比如我们完全可以说"澳大利亚的绵羊长着浓厚的长毛",只是普通的人的毛发是不可能太厚的。所以,形容词"浓厚"与名词"眉毛"搭配在一起就不合适了。

例2中作者的本意是用"波涛翻滚、汹涌怒吼"这两个词来形容"黄河"的,但是"河畔"指的是河流的附近、旁边,用"波涛翻滚、汹涌怒吼"来形容就不合适了。应该改为"波涛翻滚、汹涌怒吼的黄河的岸边"。

链接:定语与中心语的语义关系

定语的作用在于限制和描写中心语。

定语和中心语之间存在着多种语义关系,例如:表产地（法国葡萄酒）、表数量（三口之家）、表范围（所有的商品）、表时间（将来的生活）、表处所（花园里的桃树）、表性状（正确的决定）、表质地（红木家具）、表用途（化妆包）、表领属关系（我们公司）等，还可以是动作修饰对象（吃的水果）、动作修饰动作者（开会的同事）等等。

定语和中心语之间有的用"的"，有的不用"的"，有的可用可不用"的"。

有些可用可不用"的"的定心词组用"的"和不用"的"时，语法和语义上会产生变化。例如："修理空调"是述宾短语，而"修理的空调"则是定心短语；"兄弟情谊"是用"兄弟"来描写"情谊"，而"兄弟的情谊"则是表领属关系了；"中国历史"和"中国的历史"虽然在意义上似乎差别不大，但是"中国的历史"暗含着比较对象的存在，即不是"外国的历史"。

语义病句\直接成分搭配不当

"一声不响"怎么"告诉"?

[病例] 1. 他一声不响地把这个秘密告诉了他的好朋友。
2. 只要稍微就价格和价值的关系深思一下,就会发现"传销致富"的说法是极其可笑的。

【诊断】

例1中的"一声不响"应为"悄悄"。例2中的"深思"应为"想"。状语与中心语搭配不当。

【辨析】

他告诉了他的朋友一个秘密,是怎么"告诉"的呢?"一声不响地",这可就太难了。因为是秘密,所以不能声张,要隐蔽地,可是也不能不说话呀!这样的意思可能用"悄悄地"更为妥当。也就是说,用"一声不响"来做"告诉"的状语并不合适。

例2中的"稍微"和"深思"在意义上是矛盾的。要将"深思"改为"想",才有可能用"稍微"来修饰。

状语与之修饰的中心语意义上要紧密相关,而且逻辑上一定要合情合理,否则就会出现这类搭配不当的毛病。

链接:状语与中心语的语义关系

状语的类型很多,状语与中心语的语义关系也很复杂,例如:

1. 表示方向、处所,如:在家看书、往北走。
2. 表示时间、频度,如:常常迟到、就出发。

3. 表示对象、目的，如：对大家负责、为环保着想。
4. 表示情态、方式，如：乐呵呵地工作、穿着雨衣骑车。
5. 表示数量、范围，如：至少300元、统统拿来。
6. 表示肯定、否定，如：一定做到、决不同意。
7. 表示程度、语气，如：非常漂亮、反正录取了。

从上面的例子可以看出，状语由副词、时间词或者处所词来充当时，通常不用"地"，例如：立即修改、今天起、南京出发。由形容词、动词、名词和短语充当时，一般要用"地"来连接，例如：勇敢地前进、说说笑笑地吃饭、科学地分析、语调柔和地安慰。

语义病句 \ 直接成分搭配不当

可以打扫得"整整齐齐"吗?

[病例] 1.春节将至,各家各户都把里里外外打扫得整整齐齐、干干净净。
2.北京申奥团主席向大会陈述了北京申办奥运会的清清楚楚的优势。

【诊断】

例1中的"打扫"应为"收拾"。例2中的"向大会陈述了北京申办奥运会的清清楚楚的优势"应为"把北京申办奥运会的优势陈述得清清楚楚"。动词和补语搭配不当。

【辨析】

例1中的动词"打扫"的结果只能是"干干净净",不会是"整整齐齐",所以,述语与补语之间就出现了照应不周的问题。简单的改法是将"打扫"改为"收拾",当然,也可以将"打扫得整整齐齐、干干净净"改为"打扫得干干净净,收拾得整整齐齐"。

例2中的"清清楚楚"应该是用来描写"陈述"这个动作的状态的,是"陈述得清清楚楚"而不是"清清楚楚的优势"。例2把补语误放到定语的位置上去了。定语用来描写或者限制中心语的性状,而补语则用来补充说明动作的各种相关情况。两者的语法作用完全不同。

链接:补语及其类型

补语是动词或者形容词后面的补充说明部分,其作用在于补充说明动作的结果、程度、可能性和情态,以及性状的程度或者情态。有些用"得",有些不用"得"。

1. 数量补语:说明动作的次数或者延续的时间,一定不用"得"。例如:睡了半个小时、打了六次。

2. 情态补语:说明动作或者有关事物的状态,必须带"得"。例如:伤心得直哭、红得发紫。

3. 结果补语:表示动作的结果,不带"得",如果加"得"就变成了可能补语的肯定形式。例如:长高、听懂。

4. 趋向补语:表示动作的趋向。不带"得",如果加"得"就变成了可能补语的肯定形式。例如:翻过去、跑进来。

5. 可能补语:在结果补语和趋向补语的中间插入"得/不",表示可能性和不可能性。例如:听得懂、翻不过去。

6. 程度补语:表示性状的程度,有的用"得",有的不用。例如:讨厌死了、健康得很。

语义病句 \ 直接成分搭配不当

一定要"有数"

[病例] 1. 他果真是位灌篮高手,连投框里三分球。
2. 他回老家看望老母亲去了,已经没有来上班。

【诊断】

例1中的"三分球"应加上数量短语,如"三个三分球"。例2"没有来"前面要加上一个时间的限制,如"两个星期"。数量短语缺位。

【辨析】

汉语里的有些句子,一定要出现数量短语,否则读起来就别扭拗口,甚至文意不通。那么,哪些时候必须要"有数"呢?

动词带双宾语时,有些必须要带数量短语,例1中"投"的直接宾语是受事"三分球",间接宾语是处所"框里"。这时直接宾语一定要带数量短语,说成"连投框里三个三分球"。又比如:"妈妈盛碗里一块肉"可以说,而"妈妈盛碗里肉"就不可以说了。

用"已经""曾经"修饰副词"没有"形成的否定形式,"没有"的前面也一定要有表示时间的量的数量短语。所以,例2要改为"已经两个星期没有来上班"。

这类句子里一定要含有数量短语的原因,一方面和人们使用语言的习惯有关,另一方面也和人们的认知心理有关。人们来描述、评价、说明一个对象时,需要聚焦注意力,需要对象明确具体,而用数量短语来修饰名词就使得名词所指称的对象具有了这些特点。所以，汉语里的有些语法结构是要求数量短语与之共现的。

链接：排斥数量短语的句子

上面谈到，汉语里的有些语法结构必须出现数量短语，否则就不合语法。同时，另一些语法结构则排斥数量短语，例如下面这种表示动作正在进行的句式就排斥数量短语。说"家里挂着画"是表示正在往墙上挂画的活动，这时，"画"就不可以受数量短语修饰；而如果说成"家里挂着一张画"，意思就变了，是说"家里有画"，成了对静态存在的描述，这时是可以加数量短语的。

疑问代词"什么"做定语时，中心语也不可以含有数量短语。"什么人"没问题，"什么三个人"就奇怪了。

语义病句\间接成分搭配不当

"少数人"可以"都"同意吗?

[病例] 1. 村民今天开会表决:少数人都同意修建一条到邻村的水泥路;多数人认为太费力,并不赞成。
2. 他的办公室电话铃就没有断过,他总在今天上午打电话。
3. 王颖是个独生女,父母40多岁才生下她,所以对她最疼爱。

【诊断】

例1中的"都"应删去。例2中的"今天上午"应该放在"他总在"的前面。例3中的"最"应改为"非常"。副词与句中成分搭配不当。

【辨析】

汉语里的副词不仅与它所修饰的动词和形容词有关,还和句子中的其他成分相关。例1中的"都"固然可以修饰"同意",但是它还有一个要求,就是与之相关的名词必须是主观上认为是数量大的。所以,"多数人都同意"没问题,而"少数人都同意"就不可以说。"一本书"虽然是单数,但书是一页一页的,"看书"的行为可以反复,所以,"这本书都看了"是对的,而"这个字都看了"就不对了。

副词"总"表示动作的反复或者状态的持续,它要修饰紧接在它后面的语言单位。例2说"总在今天上午打电话","总"因为位置的关系语义就指向了"今天上午",而"今天上午"是具体的、不可重复的,所以,就让人感觉语义不通。

实际上,例2想说的是"他打电话"这个动作的不断重复,所以,"总在"就要紧靠"打电话",改成"今天上午他总在打电话"。

"最"是用于比较的副词。它用于指明某一范围内某个成员所具有的性质状态上的最高级量。例3中的"最"却用得没有来由:"王颖是个独生女",父母除了她还可以疼爱谁呢?没有比较,就无从说"最疼爱"。可见,"最"是要求句子中出现或者隐含比较项的。例如,可以说"在所有的提案中,医疗保障问题最受关注",也可以说"我最喜欢百合花"。后面一句虽然没有出现比较的对象,但是按照常识是可以推导出来的。

链接:副词与句中成分的关系

  副词的主要功能是修饰动词和形容词。但是,副词使用是否得当,却不止与它直接修饰的动词和形容词相关,也与句中的其他成分尤其是名词性成分关系密切。

  有的副词与它前面的成分意义最紧密,而有的则相反。例如,"都"是指向前面的,所以,"他们都在1968年出生"是对的,而"他们在1968年都出生"就错了。因为前句中"他们"在前面,是复数,可以说"都";而后句"都"却与它前面的"1968年"无法发生语义关联,因为"1968年"是无法重复的。与之相反,副词"只"与它后面的成分意义最紧密,例如,"他只喜欢小狗"中"只"是和它后面的"小狗"相关的。

  另外,副词对句中成分的意义也有要求。例如,"总"一定需要所修饰的动词的动作可以重复。所以,"他总是摔跤"可以说,而"他总是摔了一跤"不可以说,因为"摔了一跤"是一次性的、不重复的。然而,如果说成"他每年冬天总会摔一跤"又合理了,因为以"每年冬天"为参照,"摔一跤"是可重复出现的。

语义病句\间接成分搭配不当

不能单用的实词

[病例] 1.郝先生是这家出版社的老编辑,他非常熟悉,大家都很尊敬他。
2.世界各国的经济发展很不平衡,不发达农业国输出了大量廉价劳动力。
3.就农民工问题,总理交换了意见。

【诊断】

例1中的"非常熟悉"应为"对编撰事务非常熟悉"。例2中"不发达农业国"后面应加上"向发达工业国"。例3中"总理"应为"总理和与会代表"。实词缺少间接成分。

【辨析】

由于意义的限制,汉语里有的实词是可以单用的,有些却不可以单独使用。例如"高兴、走"可以单用,可以说"我很高兴""我走了",但是上面例子中的形容词"熟悉"、动词"输出、交换"都不可以单用。这并不是由于缺少与这些动词和形容词直接搭配的成分(如主语或宾语等),而是缺少了应该和它们搭配的非直接的名词性成分。例如:

形容词"熟悉"要求出现熟悉的对象,只能说"对……非常熟悉",例1直接说"他非常熟悉"就不知所云了。

动词"输出"要求句子中要有三个成分与之同时出现,即输出方、输入方和输出的内容,缺一不可。例2缺少了输入方"发达工业国",因此表义就不够完整。

例3中的"交换"只要求两个成分共现,即交换意见的双方。"总理"是一方,那么另一方是谁呢?也应该有所交代。

上面这些病例由于实词缺少了与之配套的间接成分，它们本身的意义就很难落实，像"对什么熟悉、输出给谁、和谁交换意见"都说不清楚了，整个句子也就很难成立。

链接：实词的意义与语法成分

实词，尤其是动词，各有各的意义，这些意义会制约句子中出现哪些成分、出现多少。有一些动词喜欢单独出现在句子里，但是更多的动词很害怕孤独，不太独用。例如：动词"捆"往往要求"捆"的施动者、受动者和工具等一同出现，所以，常规的说法可以是：他用一根长绳子捆好了一堆柴火。即使句子里不出现工具，听话人也明白工具是一定存在的，而且施动者和受动者一定要出现，"他捆"和"捆好了一堆柴火"的说法都是不完整的。

动词不能独用，有些是句法要求，有些是语义要求。例如，黏着动词"加以、当作"需要带宾语，这属句法要求。有的是语义上需要，比如，"服务、自居"就需要加状语来修饰。

有的动词要求两个名词性成分和它一起出现，如"吃、喝、喜欢"，要说清"谁吃什么"；有的则要求有三个，如"赐予、储存、兑换、相隔"，要说清"谁赐予谁什么东西"。

又不是千手观音

[病例] 1. 800多人,几千条胳膊,就这样和暴雨、洪水搏斗了一天一夜。

2. 丽琳·海尔曼(1905—1984)一生共写了20个剧本。她以《童年》一剧跃登美国剧坛,时年26岁。她从第一次发表剧作以来,平均约4年写一个剧本。

3. 这家医院强调精细化管理,平均为每10名病人配备了2.4名医生和3.8名护士。

【诊断】

例1中的"几千条胳膊"应为"千余条胳膊"。例2中的"平均约4年写一个剧本"应为"平均两年半写一个剧本"。例3后面的分句应改为"平均为每10名病人大约配备了2名医生和4名护士"。数量失察。

【辨析】

例1选自一则新闻。这篇抗洪抢险的报道令人感动,唯独这一句叫人哑然失笑,破坏了整个报道的严肃氛围。"800多人",就算是900人,也不过1800条胳膊,不可能有"几千条",难道抗洪英雄里面有人是"千手观音"不成?这种联想实在是太滑稽了。

美国剧作家丽琳·海尔曼享年79岁。如果按照例2的说法,从26岁开始,约4年写一部作品,一共写了20部,岂不要活到100多岁才行?可见,显然是计算失误,只可能是"平均两年半写一个剧本"。

例 3 倒不是计算粗疏，而是计算得太精细，而某些句子并不能接受纯粹的计算数值。例如"医生"和"护士"是人，只能是一个一个的，不可以肢解分离成"2.4 名"和"3.8 名"。平均计算的结果里出现小数在数学里是很正常的，但在日常语言里用来指人就显得怪异了。

"数量失察"这类病句较为隐蔽，因为语法上毫无问题，读起来就会显得通畅。可是，细心一看，又有明显的数据错误，要么使句子的可信性大打折扣，要么使整个表述怪诞可笑。

链接：计算失误和数量失察

日常生活里离不开计算，语言表述里常常会含有数字和计算的结果。出现计算失误是常有的事儿。那么，是不是所有出现计算失误的句子都属于"数量失察"的病句呢？

所谓"数量失察"是说句中有关数量关系的表述出现错误或者不得当。通常仅从上下文中就可直接判断出这类错误。这里，要特别注意两种情况。

一种情况如例 3，本身计算并无失误，但是日常语句不习惯使用分数和小数来表示某些概念。这时，并无计算失误的句子倒要成为"数量失察"的病句了。

另一种情况则是从计算的角度看，确实出错了，但是并不适合认定为病句。例如学生做数学应用题出错时写的句子、出于修辞需要故意出现的计算错误等都不适合看作是"数量失察"的病句。

语用病句＼质量病句

麦片会有动物脂肪吗？

[病例] 1."超级"麦片采用进口小麦,绝无动物脂肪,不仅防止了胆固醇的过量摄入,而且滋味和美、香浓爽口。

2. 王某驾驶车尾无牌桑塔纳轿车,闯过两道关卡后,将在车前示意停车的保安撞倒在血泊之中。

【诊断】

这两个病例都需要做较大的改动。例1中"绝无动物脂肪,不仅防止了胆固醇的过量摄入,而且"都宜删去。例2中的"将在车前示意停车的保安撞倒在血泊之中"应为"将在车前示意停车的保安撞倒,当即血流满地"。预设错误。

【辨析】

麦片会有动物脂肪吗？脂肪虽然也存在于植物体内,但是动物脂肪却只能存在于人体和动物的皮下组织中。麦片是用燕麦或者大麦粒压成的小片,是无论如何也不可能含有动物脂肪的。

例1是一则广告语,它看上去说的是事实——麦片里的确没有动物脂肪,可是它的前提却是荒谬的。也就是说,不管"超级"麦片是不是真的含有动物脂肪,我们都要承认一个前提,就是"(普通)麦片含有动物脂肪",我们才能认为这则广告是有意义的。显然,这个前提并不成立。

如果真的像例2所说的那样"将在车前示意停车的保安撞倒在血泊之中",我们就必须承认"血泊是现成的"。

可是人还没有被撞倒呢,血又是从哪里来的呢?

在语言学中,我们把这种推理的逻辑前提叫作预设。这类病句就是由于预设出现错误而造成的。

链接:预设是什么?

所谓"预设"是指言语交际双方都已经知道的常识,或者听到话语之后根据语境可以推理出来的信息。它并不在话语的表面呈现出来,而仅仅包含在话语之中。

预设有两个特点:与语境有关,是交际双方共有的信息。例如:她的丈夫最喜欢喝可口可乐。

这句话除了它本身的意义之外,还暗示了:

1. 有一种叫可口可乐的饮料。
2. 她有丈夫。
3. 她的丈夫有喝的能力。

这些意义都是预设。

上面的病例就是因为相关的预设有悖于常理,所以造成整个句子的错误。

语用病句 \ 质量病句

尸体居然还活着？

[病例] 1. 王强扑在了妻子的尸体上，抱着奄奄一息的心上人，泪如雨下。
2. 一声令下，运动员们像脱缰的野马一样，冲出了起跑线。
3. 汽车在蜿蜒的山道上急驰，如离弦之箭一般。

【诊断】

例1中的"尸体"宜改为"身"。例2中的"野马"应为"骏马"。例3中的"如离弦之箭一般"应为"速度飞快"。不合情理。

【辨析】

例1是一本小说中的一个情节。看到这个句子的时候，很是愕然："尸体"居然还"奄奄一息"！"奄奄一息"的人尽管气息微弱，但一定没有断气，应该是活着的。"尸体"则是死后的身体，"奄奄一息"的人的身体当然不可以说是"尸体"。否则，就不合情理了。

一般而言，被人驯养的马才会配缰绳，"野马"哪里会有缰绳呢？也就无所谓"脱缰的野马"了。除非是刚刚被套住的野马，不过这样的说法很牵强，需要费很多口舌来注释说明。

"离弦之箭"的飞行路径一般是笔直的，而汽车在"蜿蜒"的山道上一定难以直行，只能姑且改作"速度飞快"以强调其快。

上面的三个例子，话语的内容和我们的生活经验都不太吻合，有的出现的概率很小，有的则几乎不可能。虽然借助语境，我们也能大致明白说话人的意思，但是细细想来，却因为不合情理而无法让人相信。

链接：会话中的质量准则

会话活动中，人们要遵循一套合作的原则才能使信息传递最为合理，而且效率最高。在这一套原则中，有一条就叫作"质量准则"。

"质量准则"是说：话语提供的信息内容必须跟语境中的实际情况相一致。也就是说，不能说虚假的和证据不足的话；必须说真实可靠的信息，而不能说无法自圆其说的话。

之所以出现上面的病句，都是因为说话人没有意识到信息是不真实的，或者主观上没有发现这些信息在现实生活中是不可能实现的。虽然说话人不是故意违背质量准则，但是客观上还是与质量准则产生了冲突，从而造成了言语表达的不严密。

语用病句\数量病句

昨天的门票如何"预订"?

[病例] 1. 不能预订当天日期以前的门票,预订当天门票的截止时间是16:30。
2. 凡已报废、无修复价值的车辆,本修理厂概不受理。

【诊断】

例1中的"不能预订当天日期以前的门票"应为"可预订当天及以后日期的门票"。例2中的"已报废、无修复价值"可以有多种改法,例如"行驶里程超过60万公里"或者"使用超过8年"等等。信息量为零。

【辨析】

上面两个病例,一个来自国内某一旅游胜地的官方网站,一个来源于一家修理厂门前的大幅广告。两者都带有公告的性质,可惜这样的公告毫无价值:谁会"预订"昨天、前天甚至更早时候的门票呢?至于"已报废、无修复价值的车辆",既然已经很明确这些车辆已经报废了,没有修复价值了,那还修它们干什么?所以,这里需要告知的是一些可参照的硬性条件,如"行驶里程超过60万公里"或者"使用超过8年"等等。

通俗地讲,这种现象就是我们平常斥之为"废话"的话。所谓"废话",就是信息量为零,说了等于白说。

当然,我们也能勉强为上面的两个病例找到一丁点儿所谓的"合理性"。比如例2是想说,本修理厂在修理之前要评估该车是否值得修,如果没有修复价值就不修了。然而,这样的借口毕竟有些牵强,因为这些句子读出来会让人一愣,需要想一想它们到底想说什么,也就是说,它们造成了理解的困难。

链接:已知信息与未知信息

已知信息是说话人认为听话人已经了解的信息,而未知信息则是说话人认为听话人不了解或者还未了解的信息。

我们说话或者写作,一般都是为了获得未知信息。如果一个句子没有满足我们对未知信息的好奇和需求,那么就将是无价值的,也就是信息量为零的废话。

以说话为例,不论是说还是听,都会遵循"从已知信息到未知信息"的过程。为了让听话人最大限度地理解我们的话语,我们说话时就会下意识地或者有意识地去设想,在将要传达的信息中哪些是听话人已经掌握的、属于他的已知信息,哪些是他还不了解的未知信息。我们说话时就会选择已知信息作为出发点,再把对听话人而言的未知信息加上去。这样,交流就可以变得轻松、合理了。

语用病句\数量病句

帽子还可以戴在哪儿?

[病例] 1. 他举起右手,用手从头上摘下帽子,拿在手里用力地扇着。
2. 他的手很巧,修理、补胎他都很在行。
3. 大家要明白一个最基本的一点:发展才是硬道理。

【诊断】

例1宜删去"举起右手,用手从头上"和"拿在手里"。例2中"修理、补胎他都很在行"应为"修理很在行"。例3中的"一个"应删去。词义互含。

【辨析】

例1读来真是啰唆:"摘"也好,"扇"也罢,当然都得"用手";"帽子"自然是戴在头上的,难道还可以戴在其他位置?摘帽自然也要把手举起来。话里套话,有些话自然就是多余的了,信息也就冗余了出来。所以,"举起右手,用手从头上"和"拿在手里"这些话都是多余的。

例2也有信息涵盖的问题:"修理"自然包含了"补胎",不会"补胎"怎么谈得上"修理很在行"呢?

至于例3同样也有重复:"一点"就是"一个"观点,何必多说"一个"这个定语呢?

上面三个病例都是因为句子里的词语之间在意义上互相涵盖而造成了某些信息的冗余,这种毛病就是"词义互含"。"词义互含"看上去是多出了一个或者几个词语,而实质上是句子中语义相同的成分重复出现,以致造成语义啰唆甚至不合逻辑,是一个"信息冗余"的问题。

链接:词语意义的构成

"词义互含"的本质是"信息多余",那么信息怎么会多出来呢?大部分情况下,是由于句子中的某些词语在意义上相互涵盖或者重复。这就涉及词语意义的构成问题。

一般认为,词语的意义是由义素构成的。"义素"是最小的不能独立使用的语义单位,它本身不能直接出现在语言的使用环境中,只有不同的义素组合起来,才能形成一个能独立使用的词的词义。例如"摘"这个词语的义项就是由这样一些义素组成的:动作、从高处、用手、取。把这些义素连缀起来,就成了我们通常所说的词语的意思:取(植物的瓜、果、叶或者挂着、戴着的东西)。被"摘"的只能是"植物的瓜、果、叶或者挂着、戴着的东西",这是由"摘"这个词的义素决定的,因为这些东西都在高处,必须用手获取。

现在再反观例1,就会很明白,为什么说了"摘下帽子"就不必再说"用手从头上"了。

语用病句\数量病句

今言重复了古语

[病例] 1.在交通干线上设卡收费的方案必须经地方人大常委会讨论通过,并公诸于社会。
2.他女儿在搬入新居之前,向他提出了其的居室"只配一把钥匙"的请求。
3.雅典奥运会开幕式精彩绝伦,可以堪称一流,受到世界舆论的普遍赞誉。
4.舒马赫匈牙利再破纪录,法拉利车队提前卫冕桂冠。

【诊断】

例1中的"于"应删去。例2中"其的居室"中的"的"应删去,更好的改法是把"其"改为"她"。例3中的"可以"应删去。例4中的"桂冠"应删去。古今词义套叠。

【辨析】

汉语是一种历史非常悠久的语言,现代汉语中还保留着不少古汉语中的词语和说法。例如上面的"诸、其、堪、卫冕"都来自于古代汉语。

古代汉语中的"诸"相当于"之于",例如"付诸实施"中的"诸"就是"付之于实施"的意思。例1中"公诸于"连用,"于"就重复了。

例2中的"其"相当于"她的","的"是多余的,应该删去。不过,"其"的文言气息甚浓,与整个句子的风格不太协调,所以,更好的改法是把"其"改为"她"。

"堪"的意思是"可以",比如"不堪忍受"就是"不可以忍受"。例3说"可以堪称"岂不成了"可以可以称"了吗?

"冕"原指帝王的礼帽,"卫冕"指竞赛中保住上次获得的冠军称号。"桂冠"是用月桂树叶编的帽子,古希腊人将它授予竞技的优胜者。所以,"卫冕"里面已经包含了"桂冠"的意思,"卫冕桂冠"也就有了语义重复的毛病。

上述病例都是由于对某些古代汉语的词义不甚了解造成的,将文言的词语和现代的词语混合使用时,要特别当心避免"古今词义套叠"的失误。

链接:现代汉语中的文言词

现代汉语的词汇来源丰富,其中不少是源于古代流传下来的文言词。

文言词包括现代汉语中少用而多见于古代文献的词语以及沿用至今的带有文言色彩的词语。例如:父母、子女、黎明、酝酿、觊觎。上面例子中的"卫冕、堪"也属此类。

此外,一些文言虚词在今天的口语中也常常用到,如"之、而、以、所"等等。例1和例2中的"诸、其"也很常见。

文言词并不都是老气横秋、只在文献里才见得到的。有不少古话或者熟语中的文言词语,在现代汉语中也相当通行,例如"琢磨、矛盾、衣冠、启发、失足"等等。

文言词语不论实词还是虚词,其意义和用法都是相对固定的,我们在使用时需要清楚地了解这些内容,以免与现代汉语中的词语混用时发生意义和用法上的冲突。

语用病句\数量病句

有必要再说一次吗？

[病例] 1. 由于这次交通事故，淮海路宛平路地段的交通为此封闭了近三个小时。
2. 我们必须拿出自己的正版计算机游戏软件，否则，不出新软件，就难以抵制不健康的盗版软件。

【诊断】

例1中的"为此"应删去。例2中的"不出新软件"应删去。表述重复。

【辨析】

上面的两个病例看是看得明白的，就是有些话说得有点儿啰唆。如果句子表述的意义是明确的，再说一次就没有太大的必要。

例如，例1中的"为此"就是"由于这次交通事故"。例2中的"否则"即"如果不这样"，和后面的"不出新软件"的意思一致。同样的意思被说了两遍，句义就不简洁明快了。

我们把这样的语病叫作"表述重复"，其本质是"信息冗余"。

链接：故意重复的修辞格"反复"

"表述重复"和"词义互含"都属于"信息冗余"一类的语病，都有繁复啰唆的缺点。但是，有一种修辞格却故意重复一些词句，这个修辞格就是"反复"。

"反复"是故意使用同一个词语或者句子等语言单位

两次以上,以强调、突出相关内容,加强语气,增强表达感染力。例如:

1. 喝、喝、喝!你就知道喝!哪一天非淹死在酒缸里不可!

2. 狂风吹来了,洪水冲来了,冰河爬来了,碎石、沙砾、泥土被它们带着,开始了旅行。

第一句对词语"喝"的连续反复,表达出对"喝酒"的厌恶,也再现了说话者的愤怒情态。第二句反复说某某东西来了,强调了某种自然现象的气势。

运用反复,要从表达的需要出发,不能为反复而反复,造成重复啰唆,有碍文意的表达。只有在确实需要强调某个意思或突出某种情感时,才能使用"反复"修辞格。

语用病句 \ 数量病句

过简也是错

[病例] 1. 教授委员会经过一天的讨论，最终同意根据去年决定今年。

2. 文化部近日发文指出，要充分发挥大专院校的文化核心、社区中心的民情前哨和新闻传媒的舆论监督作用。

【诊断】

例1的"去年"后应加上"的情况"，"今年"后应该加上"的招生计划"。例2中的"文化核心"和"民情前哨"的后面都应该加上"作用"。行文苟简。

【辨析】

行文如果繁琐啰唆，会浪费听话人很多时间；而行文如果过于简单，也会引起理解的困难，从而造成"行文苟简"类的病句。

例1中"根据去年决定今年"，根据的是什么？决定的是什么？上下文没有提供任何理解的线索，这样的行文简单是简单，可是无法让人理解。所以，要加上决定的具体内容，如"招生计划、培养方案"等等。

例2从语法上讲是没有问题的，因为"大专院校的文化核心作用""社区中心的民情前哨作用"和"新闻传媒的舆论监督作用"这三个偏正短语中都有一样的中心语"作用"，所以就简省了前面两个，合用最后一个中心语。可是，由于这三个短语的修饰语都很长，人的记忆力和保持持续注意的时间都有限，说到后面，前面的被省去的中心语都差不多要被忘记了。所以,从减轻理解难度的角度看,不如三个中心语都保留。

"行文苟简"类的语病,并不是省略了不该省略的语法成分,它在语法上一般是没有问题的。它的问题是信息过简,不足以满足理解的需要。

链接:对话中的省略

"行文苟简"是指书面语中信息过简的情况。在口语中由于有对话的语境,很多信息是可以被合法省略而不影响理解的。而且,多数情况下,人们习惯于省略,而不必说出完整的句子。例如:

甲:今年的招生计划,教授委员会怎么说?

乙:根据去年决定今年的。

可见,书面语与口语不同,交待信息时要注意信息量足够,不可过简。

语用病句\数量病句

话不说完急死人

[病例] 1. 日前开演的这出话剧,与火爆荧屏的同名电视剧在内容上毫不相干,不过依然通过幽默的对白、炫目的舞美赢得掌声,只要不以常规话剧的标准来衡量这出令人捧腹的表演。
2. 肉食动物的视野大概为270度,人类相比它们,可以看到210度。

【诊断】

例1在最后应该加上一个评价,如:"那么,它就可以算是成功的了。"例2中"人类相比它们,可以看到210度"宜改为"人类的视野比它们小,只可以看到210度"。信息缺失。

【辨析】

例1选自报纸上对一出新潮话剧的报道,这是那则报道的导语。令人着急的是,导语读完了,记者的态度仍不甚了了。"只要不以常规话剧的标准来衡量这台令人捧腹的表演",那就怎么样呢?这句话只提出了一个评价的出发点和基本条件,评价的结果又如何呢?是好还是不好?没有答案。所以,必须加上一句话,对这出话剧做出点评。

这样没有说完的半句话,听了真是急死人。让人着急的原因,就是本该交代的信息没有说出来,信息的不足造成了理解的断裂,让人苦等下一句而不得。

例2缺失的信息较为隐蔽,但也是话没有说完。既然拿"人类"和"肉食动物""相比"了,就要交待相比的结果。要不然,"相比"的表述就没有必要,"相比它们"这句话反而变成多余的了。

链接:会话中的数量准则

会话活动中,人们要遵循一套合作的原则才能使信息传递最为合理,而且效率最高。在这一套原则中,有一条叫作"数量准则":话语所含信息量与本次所需信息量应该一致。也就是说,在一次话语交际中,说话人应根据语境要求向听话人提供适量信息,既不能太少,也不能太多。

如果信息太少,导致本次交谈所需的一些必要信息缺漏,说话人就不能把自己的意图完全地传递给听话人,这次交际实质上就未成功。如果信息太多,传递的必然是与本次交际无关的多余信息或者是已经传递过的冗余信息,结果必然浪费了交际双方的时间和精力,这样的交际也是不成功的。

语用病句\关系病句

"看小说"与"成绩差"有关系吗?

[病例] 1. 韩冷非常喜欢看小说,成绩很差。
2. 德安老汉很努力,他的身体很好。
3. 张某及其同事立即下车,边大喊边追赶。吴军在南京路西藏路的交会处。

【诊断】

例1可以改为:"韩冷非常喜欢看小说,常常把功课丢在一边,所以成绩很差。"或者改为:"韩冷非常喜欢看小说,自己也发表了两本小册子,但是成绩很差。"例2可以改为:"德安老汉很努力,手术以后坚持锻炼,现在他的身体很好。"例3后面一个句子宜改为"吴军当时正巧在南京路西藏路的交会处"。意义脱节。

【辨析】

上面三个病例读出来都有点莫名其妙:从"看小说"一下子跳到了"成绩差","看小说"与"成绩差"有关系吗?老汉"很努力",是什么很努力呢?和他"身体好"又有何关联?"张某及其同事"与"吴军"之间又有何关系?也就是说,上面的句子分句间在意义上缺乏密切的联系。为了把分句间脱节了的意义串联起来,我们只能添加一个甚至多个分句,用以说明句子分句间逻辑意义上的关系。

因此,例1就有至少上述两种改法:第一种将其陈述为因果关系,第二种将其表述为转折关系。

例2的修改重点是要说明"很努力"和"身体好"的关系,所以,添加一个分句"手术以后坚持锻炼",既落实了"很努力"的内容,又解释了"身体好"的原因。

例3中的分句从语法上看完全合格。可是两句话之间是什么关系,却没有交代。看来,也是有什么信息被漏掉了。这里被遗漏了的信息就是两个句子间的关联:吴军当时正巧在事发地点。这样前后两句才能合情合理地联系在一起。

当然,某些句子分句间的逻辑关联也并不是逐一道明的,例如:外面烈日当头,他又返回屋内取了副墨镜。

这个句子分句间的关系就是可以意会的,不必非要说明不可。但是,如果这种关联不说明就无法意会的话,就是病句了。

链接:联系分句的语法手段

汉语中的句子有长有短,长的句子由若干个分句组成。分句间的联系是通过两种语法手段来完成的:一是语序,一是关联词语。

有些句子各分句间的联系用不上关联词语,只是通过语序来表示,例如我们修改过的例2。语序是表示分句间关系的重要手段,关联词语并不是必需的。不过,在大多数情况下,特别是在书面语中,关联词语是常见的,分句和分句要靠它来连接,分句和分句间的意义也要靠它来表达。例如我们修改过的例1。

"费解""误解"哪个更严重？

[病例] 1.用词不妥当、造句不合文法、行文缺乏条理，都会把意思弄得含混晦涩，令人误解甚至费解。
2.如今"阿Q"之类的"字母词"已随处可见，不但进入了教科书，而且活跃于各种媒体。
3.一夜之间，洪水就漫过了农舍，冲进了村庄，摧毁了堤岸。

【诊断】

例1中的"误解"和"费解"应该换位。例2中"进入了教科书"和"活跃于各种媒体"也应该换位。例3中"漫过了农舍，冲进了村庄，摧毁了堤岸"应将次序调整为"摧毁了堤岸，冲进了村庄，漫过了农舍"。分句次序失当。

【辨析】

所谓"递进关系"，程度重的意思应该放在后面。"费解""误解"哪个更严重？显然是"误解"严重过"费解"，"误解"已经出现了理解错误，"费解"只是难以理解罢了。所以，正确的语序应该是"令人费解甚至误解"。

"不但……而且……"也是非常典型的递进关系的标志。"进入了教科书"意味着得到了主流文化的认同，当然比"活跃于各种媒体"影响更大。因此，例2里的递进关系应该表述为"不但活跃于各种媒体，而且进入了教科书"。

与递进关系类似，连贯复句的语序也能体现事件发展时间的前后。例3说到洪水暴发的情况，灾情的发展必有先后次序,应该是"摧毁了堤岸"在先,然后才"冲进了村庄",最后方是"漫过了农舍"。

链接:递进关系复句

递进关系复句的类型很多,除了常见的以"不仅……而且……"为代表的常规递进句以外,还有:

1. 多层递进句

推进的意义不止一层的递进句。例如:来观看"太阳马戏"演出的不仅有上海市民,而且还有邻近苏浙地区的观众,甚至京津地区也有旅行社组团前来观看。

2. 逆向递进句

指分句都是否定结构,或都是表示否定意义的递进句。例如:他不但工资没有涨上,还把工作给弄丢了。

3. 反向递进句

这类递进句前面的分句意义是否定的,后面的分句意义却是肯定的。例如:这个小孩子打针的时候不但没有哭,反而冲着护士小姐笑了一下。

4. 让步递进句

这类递进句前面的分句一般是用让步的方式提出一种情况,后面的分句用反问句把前面的意思推进一层。例如:这家饭店平时尚且常常客满,何况是节假日呢?

复句分句间的语序关系也是一种逻辑关系,它们有些是以事理关系为基础的,如上面我们修改过的那些例子,一般不能换语序。有些则是以说话人的心理关系为基础的,语序由说话人的认知决定,如:"他不但会说日语,还会说俄语。"这时说话人认为"会说俄语更不易"。如果他觉得"会日语"更难,则要说成:"他不但会说俄语,还会说日语。"

语用病句\关系病句

会动的古籍？

[病例] 1. 他的父亲是一位版本目录学家，从小学的时候开始，古籍就和他有很多接触的机会。
2. 黄山，以她变幻多姿、俊秀大气的美景吸引着、迷恋着海内外的游客。
3. 这两天外公一直在发烧。不过，昨天的气色和今天相比已经大不相同。
4. 上海现在的房价远不能和四年前相比，早知如此，就该早下决心买房了。

【诊断】

例1中的"古籍就和他"应为"他就和古籍"。例2中的"迷恋"宜改为"召唤"。例3中的"昨天"和"今天"应该调换位置。例4中的第一个分句应改为"上海现在的房价远不是四年前所能比的"。主客倒置。

【辨析】

句子陈述的对象，如果有两个人或者两件事，往往会有主客之分，有时也会有主动和被动的差别。这些一般都能从话的意思判断，或者顺着上下文自然会有分别。如果不小心，就会出现颠倒的现象。

例1中的"古籍"是没有生命的东西，不会自己动，不会做出"接触"这样的动作，因而不是动词"接触"的主体。应改为"他就和古籍有很多接触的机会"。

"黄山"可以"吸引着海内外的游客"，但却不能"迷恋着海内外的游客"。"迷恋"是因为对方的优点而痴迷、喜好，不是黄山迷恋着游客，而是游客迷恋着黄山。所以，宜改为拟人手法的"召唤"。

比较一前一后两件事情时，我们一般总是以后者为主体。所以，例3应改为"今天的气色和昨天相比"。

例4以"现在的房价"和"四年前"相比，先说的一般是主体，但是后面加上了表示否定的"不能"，句子的意思就变成了"上海现在的房价比四年前便宜了"，这就和原意正好相反了。应改为"上海现在的房价远不是四年前所能比的"。

链接：主客的差别

"主客倒置"属于一种逻辑错误。它包括我们上面分析到的主体和客体的颠倒以及主动和被动的混淆。

主体和客体、主动和被动是两对成套的概念。主体是相对于客体而言的，同样，被动也是相对于主动而言的。

主体往往是句子陈述的着眼点和话题中心，话语的内容是围绕它而展开的。句子的谓语部分要能与之配合。

主动和被动可以存在于生命体之间，这时主动者是动作的发出者，被动者是动作的承受者。主动和被动还可以存在于生命体与非生命体之间，这时生命体一定是主动者。

语用病句\关系病句

"生还的遇难者"?

[病例] 1. 这个小女孩儿是这次特大空难的遇难者中唯一生还的人。

2. 凭本券在有效期至十天以内,买任何套餐可免费获赠一听可乐。

3. 许多人质疑:为什么陈先生没有娶吴小姐?陈先生却认为:结婚是一件极不浪漫的事情,在他们两人看来,最重要的是百分之百的承诺,这种夫妻的承诺是不需要用一个分数去界定的。

【诊断】

例1中"的遇难者"应删去。例2中"至十天以"应删去。例3中的"夫妻的承诺"应为"爱的承诺","一个分数"应为"一个婚姻形式"。逻辑矛盾。

【辨析】

空难总是触目惊心的,遇难者永远离开了这个世界。"这个小女孩儿"既然已经生还,就逃离了做遇难者的厄运。生者不死,死者不生。可见,"生还的遇难者"是个自相矛盾的说法。

例2是一家日本拉面店赠券上的说明文字。拿到赠券的时间是8月3日,上面写的有效期是8月20日。令人费解的是,什么时间内可以去这家店里喝到免费的一听可乐呢?"有效期至十天以内"是什么时候?既然写的是"有效期",也就意味着8月20日是最后的期限,过了这个期限就无效了,那么，又何来"十天以内"呢？两种说法发生了冲突，语义上就出现了逻辑错误。

例3更是出现了多处逻辑矛盾：既然"陈先生没有娶吴小姐"，他们就不是夫妻，何来"夫妻的承诺"？既然承诺必须是"百分之百的"，"百分之百"当然是一个分数，又何谈"不需要用一个分数"？这位陈先生显然犯了自相矛盾的错误。

链接：什么叫逻辑矛盾？

在传统的逻辑学中有一条基本规律叫作（不）矛盾律。这条规律要求人们进行思考和发表言论的时候，必须严格做到在同一个条件下对于同一个事物或者对象不能既肯定又否定。违反这条规律的思想是混乱的思想，违反这条规律的言论是诡辩，是不被允许的。

按照逻辑学中的（不）矛盾律的规定，对于同一个事物（譬如一个现象），如果存在着两种矛盾的看法，就叫作逻辑矛盾。逻辑矛盾必定是指人们主观上的错误认识，客观上不存在相应的事实。

上面的病例都是因为违反了（不）矛盾律而造成的。

语用病句\关系病句

烦人的牙周炎啊!

[病例] 1.牙齿松动是由于慢性牙周炎反复发作造成的,牙根暴露,牙床萎缩降低,日积月累,根基不稳,牙周组织遭到破坏,造成牙齿松动摇晃。

2.台湾画商专程到巴黎,在巴黎的一个贫民窟的墓地找到草草埋葬的常玉坟墓。就在那一年,也就是常玉的尸骨马上就要被墓地使用者清除掉的时候。巴黎的墓地有年限限制,常玉死后朋友凑钱给他所买墓地的年限恰恰就到这一年。台湾画商此时到了巴黎,出资为常玉的墓地又买下了20年的使用权。

【诊断】

例1应改为:"牙齿松动是由于慢性牙周炎反复发作造成的,牙周组织遭到破坏,牙床萎缩降低,牙根暴露,根基不稳,日积月累,造成牙齿松动摇晃。"例2也要做全面的语序调整并修改部分字句,建议改为:"巴黎的墓地有年限限制,常玉死后朋友凑钱给他所买墓地的年限已尽。恰恰就到这一年,台湾画商专程到巴黎,在一个贫民窟的墓地里找到草草埋葬的常玉坟墓,并出资为墓地又买下了20年的使用权。"层次不清。

【辨析】

例1是杂志上一则治疗牙周炎药物的广告。虽然没有得过此病，但看了这则广告，深感这个毛病的复杂，仅仅看这一段文字就让人心烦意乱。不单单"牙根、牙床、牙周组织"轰然出列，而且又是"暴露、萎缩"，又是"破坏、摇晃"，简直像电影的蒙太奇镜头，劈头盖脸地进入眼帘。

其实，牙周炎发病也有一个过程，语言表述的顺序也要依循这样的次序，不可前一句、后一句，把结果说在了前头，而在最末才交代原因。语序的混乱造成语义层次的混乱不清，让人理解起来非常吃力。

例 2 的表述更是乱七八糟。东一榔头西一斧子，想到哪里说哪里。不仅话语啰唆（说了"台湾画商专程到巴黎"，又说"台湾画商此时到了巴黎"；既说"就在那一年"，又说"恰恰就到这一年"），而且事情的背景和经过也交待得相当混乱。不如先解释事情的背景，再陈述经过，这样层层递进、有条不紊，事情也就明朗了。

语言表述上的层次不清，从本质上讲就是逻辑的混乱。没有依循一定的思维线索来组织语言，就会出现上述因层次不清而形成的病句。

链接：会话中的关联准则

会话活动中，人们要遵循一套合作的原则才能使信息传递最为合理，而且效率最高，其中有一条就叫作"关联准则"，即：话语之间及话语与话题之间应该保持关联。遵守关联准则意味着要按照事物之间的逻辑联系，按照接受新经验时的心理顺序来组织话语。

上面的病例就是违反"关联准则"而使交际不成功的情况，另外，分句间意义脱节和逻辑错误也都是违反"关联准则"的表现。

语用病句\方式病句

什么可以"叹为观止"?

[病例] 1. 工商管理局收缴上来的假冒伪劣产品真可谓五花八门,尤其是其中的假酒,种类之多,令人叹为观止。
2. 时兴电子商务,殃及传统贸易。
3. 近几年来,登临东方明珠电视塔的外国游客趋之若鹜。

【诊断】

例1中的"叹为观止"应为"惊讶"。例2中的"殃及"应为"影响"。例3中的"趋之若鹜"应为"纷至沓来"。褒贬义误用。

【辨析】

"叹为观止"是用来赞美看到的事物好到了极点,而"假酒"属于不良甚至丑恶的事物。对这样一种负面的现象,最多只能用中性的"惊讶",是一定不可以用褒义的"叹为观止"的。

例2如果能用"殃及",就意味着"电子商务"是一种灾难。但说话人的意思是想说,随着电子商务的兴起,传统贸易的份额受到了影响。将"电子商务"这一新兴事物视作洪水猛兽似乎不妥,所以,宜将贬义的"殃及"改为中性的"影响"。

例3中的"趋之若鹜"更是一个不折不扣的贬义词,意思是像鸭子一样,成群地跑过去,比喻许多人争着去追逐不好的事物。"东方明珠电视塔"是上海的标志性建筑,是美好的城市景观,怎么可以把外国游客比作追逐不好事物的鸭子呢?

褒贬义属于词语的情感意义,情感意义的判断失误往往是由于对词语意义的把握不够准确。

链接:词语的情感义

词语除了有客观的概念意义之外,还有很多主观的色彩义。情感义是色彩义中非常重要的一种。

所谓情感义,体现的是爱憎好恶的褒贬情感:有的词语表达了说话者对某事物肯定赞许的感情,含有褒义;有的词语则表达了说话者对某事物的否定贬斥的感情,含有贬义。例如,"勇敢""大胆""狂妄"的概念意义基本相同,但是情感义却分属褒义、中性和贬义。"技巧"是褒义词,而与之概念意义相同的"伎俩"却是贬义词。

需要注意的是,褒义词和贬义词往往成对出现,更多的时候可能有一组,它们概念意义接近,褒贬的程度有所区别。例如:"坚定、顽强、坚持、固执、顽固"是一组近义词,它们的褒贬倾向不同,褒贬程度也有差异。

有时一组同义词可能只有褒义词和中性词,如"教诲"和"教训";有的则只有贬义词和中性词,如"效尤"和"效法"。

语用病句 \ 方式病句

文言和白话的尴尬相遇

[病例] 1. 肖教授谦和平易，待学生如亲子，以教导学生当作乐事，实乃诲人不倦也。
2. 父母对他进行了严厉的批评，目的是促使其猛醒。
3. 贵公司所需资料，经查昨日已与之送达。
4. 她用零碎布头做了一个娃娃，还装上了两根长一尺许的大辫子呢。

【诊断】

例1中的"以教导学生当作乐事"应为"以教导学生为乐事"，"实乃诲人不倦也"宜改为"真是诲人不倦"。例2中的"其"应该改为"他"，或改为"促其猛醒"。例3中的"已与之送达"宜改为"已经送到贵处"。例4的"长一尺许"宜改为"一尺来长"。文白夹杂。

【辨析】

中国历史上长期用"文言"作为统一的书面语，现代汉语中还保留着不少有生命力的文言格式和文言虚词。但是，如果使用不当，就很容易文白夹杂、古今混用，造成病句。例如，文言格式"以……为……"，相当于今天的"把……当作"或者"认为……是……"。例1中"以教导学生当作乐事"就将文言和现代汉语的说法混在了一起，各取一半，造成语句不通畅。要注意，文言格式只宜套用，不宜删改。另外，例1中"实乃诲人不倦也"并无错误，但有故作深沉、附庸风雅的嫌疑，在这里套用"实乃……也"的判断句式似无必要，属于文言句式的滥用。

例2中的"其"做人称代词时，前面只能是少数几个单音节文言词。只能说"促其猛醒"，或者改为现代汉语的说法"促使他猛醒"。

例3中有两个文言虚词"与"和"之"。"与"做介词时是"跟"的意思，"之"做代词时相当于"他、它"，做助词时相当于"的"。"与之"只可能是"跟它"的意思，可是这个意思在句子中不能成立。不如改成"已经送到贵处"，何等干脆明白。

例4中的"长一尺许"并没有用错，只是放在这样一个句子里，显得不文不白，很不协调。

可见，所谓"文白夹杂"往往有三种情况：一是文言格式与白话格式套用失误，二是可用白话句式时滥用文言句式，三是误用或乱用文言虚词。

链接：文言格式和文言虚词在现代汉语中的作用

很多具有生命力的文言格式已经成为规范的现代汉语的一部分。例如"为祖国的崛起而读书"的格式，既准确，又精炼，如今在口头上和书面上都扎下了根。

文言虚词的使用还有增加书面色彩的功能。如"给敌人以致命的打击"和"给敌人致命的打击"相比，前者的书面色彩更浓，这就是由于添加了文言介词"以"的缘故。

尽管很多文言虚词可以替换为现代汉语虚词，但是不少场合还是只能使用或者倾向于使用文言虚词。例如，"之"相当于今天的"的"，可是"……之一、……之所以……、……之于……、分之、之流、……之多、……之至、非常之……"等格式都只可以用"之"而不可以用"的"。

语用病句 \ 方式病句

顾此失彼难周全

[病例] 1. 第64届威尼斯电影节共有两部中国影片获奖,他们是:《色,戒》的导演李安和《无用》的导演贾樟柯。

2. 日前在上海举办的国际当代艺术展在上海展览中心举行。参展的艺术品题材和形式都很丰富,有绘画、摄影、短片、雕塑、装置和行为艺术等等。

【诊断】

例1的最后一个分句应改为"李安的《色,戒》和贾樟柯的《无用》",另外,"他们"要改作"它们"。例2中的"参展的艺术品题材和形式都很丰富"应为"参展的艺术品形式很丰富"。照应不周。

【辨析】

例1前面说的是"影片",后面说的却是"导演",前后失去照应。

例2和例1一样,毛病出在前后分句在内容范围方面失却照应。前面讲"参展的艺术品题材和形式都很丰富",后面用"有……"来连接,本应举例说明"题材和形式"如何"丰富",而原句只讲了"形式",而忘了介绍"题材"。

链接:话语衔接与照应

话语衔接是通过各种语言手段对一些看似孤立的句子穿针引线,把它们衔接成一个有结构的整体。这样,原先看似一盘散沙的一群句子就会产生一种向心力，让人感觉成了话语。我们来看下面三句话：

1. 第64届威尼斯电影节共有两部中国影片获奖。
2. 《色，戒》的导演是李安。
3. 《无用》的导演是贾樟柯。

这三个句子之间的联系非常松散，甚至可以说互不相干。但是下面这句话给人的感觉则是衔接得很紧密：

4. 第64届威尼斯电影节共有两部中国影片获奖，它们是：李安的《色，戒》和贾樟柯的《无用》。

在这个句子中，"它们"一词的意义带有不确定性，只有把它和句子中的某些成分（如"两部影片、《色戒》和《无用》"）联系起来，它的不确定性才可以被消解，话语的前后部分之间才可以衔接起来。

可见，所谓"照应"实际上就是要求话语的衔接要落实稳妥，前后分句之间要通过一定的语言手段相互呼应。

语用病句\方式病句

"流星"的命运

[病例] 1.在音乐上十分努力的小雪这次又登上了华人音乐的最高领奖台，获得了最具潜力歌手奖，这让更多的业内人士看到了这颗耀眼的流星，为她今后的发展再添重要的一笔。
2.赛场上观众的目光都集中在来自巴西的长跑运动员安德鲁身上，他正像亚马孙森林中黑色蝴蝶扇动翅膀一样有力地奔跑着。
3.这音乐，如雷的轰鸣、水的欢快、花的绽开。

【诊断】

例1中的"流星"应为"新星"。例2中的"黑色蝴蝶扇动翅膀"可改为"的美洲豹"。例3中"花的绽开"应删去。比喻失当。

【辨析】

流星是短命的，用它来比喻一位歌坛新人，似乎是在预言她今后不可能有良好的发展，这就不妥当了。

例2中也有一处不恰当的比喻：蝴蝶扇动翅膀总给人以轻盈曼妙的联想，它们总是漫不经心地飞来飞去，这和一位长跑运动员目标明确、快速有力的奔跑形象差别甚大。所以，不如把运动员比作美洲豹，这种动物是长跑健将，又生活在亚马孙森林中，还能和运动员的巴西国籍相呼应。

鲜花总是静静地开放的，用无声的"花的绽开"来形容声音，不恰当。应该将这一比喻删去。

上述三个例子都是由于使用比喻的修辞格失误而造成的病句。"比喻"这个修辞格要求"比"和"被比"的事物之间一定要有性质上的某种相似，而这个相似点又正是句子要强调和说明的。例1中的歌坛新人刚刚出道、开始引人注目，这些都是"新星"的特点，而"流星"则只适合比喻短暂的成功。例2用"扇动翅膀的蝴蝶"来比喻运动员不妥当，但是用来比喻小姑娘的舞蹈倒是不错的。例3中的"花的绽开"和"音乐"之间毫无相似之处，很难联系到一起。

链接：比喻的构成

用与本体（甲）本质不同但有相似性的喻体（乙）来描写或者说明本体，从而更形象、生动地表现本体的特征或作用，这种辞格就叫作"比喻"。

从结构上讲，比喻应该有四个要素：本体、喻体、比喻词和相似点。本体是被描写或者说明的对象，喻体是用来作比的对象，比喻词是用来联结本体和喻体的词语，相似点是将本体和喻体联系起来的要素。例如：

孩子的脸（本体）像（比喻词）熟透的苹果（喻体）那么红（相似点）。

但是在实际的运用中，上面的四个要素并不是在每个比喻中都要出现。比较常见的是省略相似点，例如：

建筑（本体）是（比喻词）凝固的音乐（喻体）。

语用病句 \ 方式病句

令人惊愕的"才达到五人"

[病例] 1. 经查,这起交通事故是由于司机酒后驾车造成的。汽车失控后冲向非机动车道,当场撞翻一辆摩托车,又冲向人行道。加上车主本人,死伤人数才达到五人。
2. 这次证书考试由于时间紧张,他并没有准备得很充分,没想到果然通过了。

【诊断】

例1中的"才"应为"共"。例2中的"果然"应为"居然"。语气失当。

【辨析】

例1选自一则交通事故的报道。令人惊愕的是最后一句"死伤人数才达到五人",难道一场车祸伤亡五个人还算少吗?问题就出在其中的副词"才"上。"才"表示数量少,程度低,和"只"的意思接近。当我们使用这个副词的时候,往往带有对"数量少、程度低"的情况的不满意,有希望更多更高的意思。如"一共才三个苹果,不够分"这句话,因为有"才",就含有嫌苹果太少的意思,语气是略为不满的。所以,如果说"死伤人数才达到五人",就有嫌伤亡的人数还太少之意,那么,记者岂不是幸灾乐祸了吗?

例2中的副词"果然"用来表示事实与所说或者所料的相符。既然这次考试"没有准备得很充分",那么,"通过"是意料之外的,与原有的预期并不相符,用"果然"来修饰就不合适了。应该改用"居然"来表示出乎意外。

上述两个病例都有"语气失当"的毛病,这里的语气指的是说话的口气。人们说话的时候,除了表述事件、说明情况,也顺带会夹杂说话人对这些事件和情况的看法或者态度。这些或褒或贬、或实或虚的语气一般是通过选用不同的副词来完成的,所以,选用与语气相关的副词的时候要特别小心语气的倾向。

链接:表示语气的副词

副词的基本用途是修饰动词和形容词,包括表示程度、情状、频率、范围、否定的多种类型。其中,有些副词主要是用于表示语气,例如:难道、究竟、也许、偏偏、莫非、岂、大概。

同一个句子,如果使用不同的副词,表明的语气可以截然相反,例如:

他八岁的时候就认识了200个汉字。

他八岁的时候才认识了200个汉字。

第一个句子用了"就",带有褒奖的语气,是赞扬这个孩子识字多或者识字早;而第二个句子用了"才",则带有贬斥的语气,是觉得八岁的孩子识字200个太少了,或者说早就该认识这么多字了。

可见,使用不同的表示语气的副词,是和说话人的态度紧密相关的。

语用病句\方式病句

丧命的到底是谁?

[病例] 1. 年仅24岁的农民工刘明明,在前不久发生的暴风雪中遭遇车祸,造成多处骨折。同行者为救他的性命,12次向人下跪求救,却屡屡遭冷遇,最终命丧狂风暴雪之中。
2. 这家工厂虽然规模不大,但两次荣获国家科学进步奖,三次被授予省优质产品称号,远销全国各地和东南亚地区。
3. 当歹徒们偷袭警察的时候,被警察反包围了,歼灭了四名持枪拒捕者。

【诊断】

例1最后一个分句中的"命丧"之前应加上"刘明明"。例2中"三次"的前面应加上"产品"。例3中的最后一个分句应改为"四名持枪拒捕者被歼灭"。偷换主语。

【辨析】

"农民工刘明明命丧狂风暴雪之中"的新闻看得让人非常揪心。由于部分人的冷漠,一个本可以挽回的年轻生命离开了人世,真是叫人扼腕叹息。不过,让人同样感到可惜的是这则新闻的导语。例1照录了导语的全部内容。按照导语的说法,下跪求救、屡遭冷遇以及最终丧命的都应该是这个句子的主语"同行者",至于刘明明的命运,导语中毫无交待。记者在行文中的这一疏忽,险些造成"生者赴死"的假新闻。可见,"命丧"的主语是省略不得的,否则,指代的错误就"乱点了生死簿",可谓"性命交关"。

例2只出现了一个主语"这家工厂",可是这个主语只能和"两次荣获国家科学进步奖"搭配,而"三次被授予省优质产品称号,远销全国各地和东南亚地区"的却不是"这家工厂",而应该是这家工厂的"产品"。

例3中"被警察反包围"的主语是"歹徒们",但"歼灭了四名持枪拒捕者"的主语只能是"警察",原句一口气说下来,不加区别,偷换了主语。不如把最后一个分句改为"四名持枪拒捕者被歼灭",这样"歹徒们"这个主语就可以一以贯之了。

链接:复句中主语的隐现

例1的错误和复句中主语的隐现问题有关。

一个复句包含几个分句。一般而言,分句的主语相同,以省略为常。例如:

你每天坐校车上学,应该知道开车的时间。(蒙前省略)

掌握了拼音,外国人学习汉语就方便多了。(蒙后省略)

复句中几个分句的主语不同,通常是不能省掉一个的。像上面的例1,"下跪求救、屡遭冷遇"的主语是"同行者","命丧"的主语是"刘明明",两个主语都不能省。但是,个别时候也可以省略,例如:

我去过这所学校,挺远的。

第二个分句的主语是"这所学校",蒙前面一个分句的宾语省略了。这种省略,是汉语灵活性的体现。但是运用时要小心,要注意后面省略的主语,必须是上文出现过的,同时表义要明确,不能让人产生误会。

语用病句 \ 方式病句

谁生了十七个?

[病例] 1. 瞧这一家子,生了17个。
2. 王家是个极为特殊的家庭。全家共四口人,除了二儿子王珏外,父亲王德海、母亲崔永珍和大儿子王静都是残疾人。

【诊断】

例1中"这一家子"应为"这对夫妇",或者将"生了"改为"娃娃"。例2中"除了二儿子王珏外,父亲王德海、母亲崔永珍和大儿子王静都是残疾人"应为"除了王珏外,父亲王德海、母亲崔永珍和大哥王静都是残疾人"。视角混乱。

【辨析】

报纸上有一则照片新闻,题目是"瞧这一家子,生了17个"。"一家子"具体指谁呢?一般来说,一家人要包括父母和孩子,如果这对夫妇的孩子比较多,每个孩子再生育几个孩子,那么,一共17个也不足为奇。可是,我们仔细看照片,发现是一群孩子围着一位母亲,再看文字介绍:"美国阿肯色州的一对夫妇2日迎来了他们的第17个孩子。"也就是说,生了17个的是"一对夫妻",而不是"一家子"。

这个标题之所以令人费解,是由于两个分句说话的视角是不一致的。前者是以"一家子"为参照点,后者却是以"一对夫妇"为视角。从不同视角出发的话语不能协调,导致理解的困难。修改的办法就是统一使用选定的一个视角,例如,可以改为"瞧这对夫妇,生了17个"或者"瞧这一家子,娃娃17个"。

例2的视角相互重叠。王珏既然是"二儿子"说明是以父亲王德海为参照来理解人物之间的关系,可是后面又称呼王德海为"父亲",那就暗示是以二儿子王珏的视角来理解,这样就造成了两种视角的冲突,使人们的理解陷入混乱。所以,两个视角只能选其一。

链接:说话的视角

所谓说话的视角,对说话人而言就是站在什么角度来表述事情,而对听话人来说则是站在什么角度上来理解话语。

说话和听话都具有线性的特征,只能一以贯之。当理解的对象涉及很多复杂的因素时,我们很难同时对这些因素进行处理,只能以其中一个因素作为参照点将其他因素统一起来。如果句子提供的参照点不止一个,人们就不得不在同一个理解过程中不停地变换视角来观察同一个事物,这就会和人们普遍的理解习惯发生冲突,从而产生理解的问题。

上面的例子就是如此。视角混乱从现象上讲是一种只会出现在实际使用中的语用病句,而其本质则是语义上缺少统一的参照。

语用病句 \ 方式病句

好像外国人说汉语

[病例] 1. 海伦·凯勒小姐的意志力、她的精神力量以及她对别人的鼓舞力仍旧充满着勃勃生机地存在着——也许会在她也必然要离开这个世界以后长期存在下去。
2. 在撩开如一层金色薄雾般笼罩在我的童年生活上的帷幔时,我心中怀着因迷信而生的踌躇。

【诊断】

两个句子都宜做全面的修改。

例1可以改为:"海伦·凯勒小姐的意志、精神以及她对别人的鼓舞仍旧生机勃勃地存在着——也许在她也将离开世界以后一直存在。"例2可以改为:"我的童年笼罩着金色薄雾般的帷幔,当我撩开它时,心中因为迷信而踌躇。"套用外文语法。

【辨析】

美国著名作家海伦·凯勒小姐的自传《假如给我三天光明》给一代一代的读者以巨大的鼓励。每每读来都深受感动。不过,有些译本的翻译却令人扫兴。上面两个病例就是从一种译本中摘录下来的,读起来艰涩拗口,好像一个略通汉语的外国人硬要说汉语一样。

例1中"意志力""精神力量"和"鼓舞力"都没有必要用短语的形式,因为"意志、精神、鼓舞"都是意义明朗的名词,可以直接做主语。"充满着勃勃生机"做状语,远没有"生机勃勃"来得简要。最后一个分句更是重复啰唆得很。

例2的状语太长,这不符合汉语的习惯。汉语习惯用短小的分句来分化繁复的意思,所以,不妨用指示成分来化解这个冗长的状语,用"当我撩开它时"与前面的意思呼应。原句后面的一句也包含着一个较长的定语,不如改成"心中因为迷信而踌躇"。

那位译者可能是想忠实于原著,把英文原句字字落实地翻译出来,没有顾及汉语的习惯,结果令人费解。

链接:译文对外国语法的借鉴

翻译外国文字,既要准确地传达原作的意思,又要保持原作的风格。所以,我们不能要求译文像一般文字那么流畅,但是明了通达还是需要的。

翻译时是否需要套用原文的语法形式,一要看有没有必要,二要看有没有可能。

例1中"意志力""精神力量"和"鼓舞力"的说法就没有必要。"也许会在她也必然要离开这个世界以后长期存在下去"一句,几乎将原文中的每一个字词以及有关的时态都一一翻译了出来,没有考虑到汉语有更为简洁的方式来表达这些意思。例2中的冗长状语与汉语的语法规律也存在很大差异,不符合汉语的表达习惯。

语用病句 \ 方式病句

"防止不再发生森林火灾"？

[病例] 1. 为了防止不再发生森林火灾，林业局采取了很多措施。
2. 我们加强了交通安全的教育和管理，以杜绝这类交通事故不再发生。
3. 三忌：一忌睡前不可恼怒，二忌睡前不可饱食，三忌卧处不可当风。

【诊断】

例1和例2中的"不再"都应为"再次"。例3中的"忌"和"不可"两者只可保留其一。否定不当。

【辨析】

汉语中不少词语本身就含有否定的意义，例如"拒绝、否认、制止、避免、防止、以防、以免、切忌、禁止"等等，它们后面需要使用非名词性宾语，而且一般只会使用肯定的格式，这样就使得整个句子能够表达否定的意义。

例1需要防止的是"再次发生森林火灾"，而绝不是"不再发生森林火灾"。有了带否定意味的动词"防止"，后面就不宜再用否定词了。例2也是如此，"杜绝"是"制止、消灭"的意思，所以，应该是"杜绝此类交通事故再次发生"。例3中的"忌"是"一定不要"的意思，如果是"忌睡前不可恼怒"就成了双重否定，变成了"睡前一定要恼怒"，就正好与原意相反了。

看来，使用含有否定意义的词语是要特别小心的：如果使用了这类带有否定意义的词语，最好避免句中再次出现否定词。

链接：否定的表达方式

否定是一种常见但是颇为复杂的语言现象，涉及语法、语义和语用的多个层面。它既有语法格式上的要求，又和"肯定"在逻辑语义上存在对立，还和"语气"等语用现象相关联。

表达否定的方式有很多，上面谈到，句子中的词语本身就带有否定的意义，这样的句子可以表达否定。另外，较为普遍的表达否定的形式是使用否定词"不、没有、勿、别"等等。例如：

昨天没有下雨。

请勿在室内吸烟。

用"决不、毫不、从不"可以加强否定的语气，用"不太、不大、不怎么"则是较为委婉的否定语气。

否定常出现在陈述句、疑问句和祈使句中，不太出现在感叹句中。

语用病句 \ 方式病句

担心被大学录取？

[病例] 1. 高考结束后，我比女儿还要紧张。我很担心她会不会被一流大学录取。

2. 电子贸易能否迅速发展，并广泛渗透到各行各业中去，关键在于要加速造就一批专业人才。

3. 汪洋母亲表示，无论诉讼是否可以赔偿多少，她都将把所有赔偿金全部捐献到"德育奖励基金"。

【诊断】

例 1 中"会不会"应为"不会"。例 2 中"能否"应为"要"。例 3 中的"是否"应删去。肯否不定。

【辨析】

一般来说，人们担心的时候都会左思右想，但只会担心不利的事情发生，而不会担心有利的情况出现。所以，是不可能说"担心会不会被一流大学录取"的，因为要担心的只是"不会被录取"的坏情况。

例 2 中的"能否"也是一个双面词语，既有肯定又有否定，而后面所讲的"关键在于要加速造就一批专业人才"只和肯定的情况相对应，所以，要使前后的语义呼应，应该将"能否"改为"要"。

例 3 中的"是否"应该删去。如果没有得到赔偿，那拿什么捐献呢？

例 1、例 2 和例 3 都是出现了双面性的词语，但是相关的分句却只和其中的一方面相关联,造成了句子意义的肯否不定。

链接:正反问

汉语里肯定和否定连用的情况,一般出现在正反问这样的句式中。正反问是一种特殊的选择问,它提出正反两个方面,希望对方从中选择一项回答。例如:

明天去不去壶口瀑布?

她会不会被一流大学录取?

其中的正反选项可以替换为"能否"的形式,如:

明天能否去壶口瀑布?

她能否被一流大学录取?

可见,"肯定和否定连用"以及使用双面性的词语"能否、是否"等都是"出身"于正反问的,其意义都涉及两面,要当心包含它们的分句与相关分句的配合。否则,容易出现"肯否不定"的语病。

语用病句 \ 方式病句

谁不会见死不救呢?

[病例] 1. 谁不会见死不救呢?
2. 你不觉得这些天不怕地不怕的孩子们不都像神话里的哪吒吗?
3. 有了害虫没治好,这是我失职,治好了不也就是尽责而已。

【诊断】

例1中的"谁不会"应为"谁会"。例2中的"不都像"应为"都像"。例3可以删去"不"或者把句号改为"吗?"。反问句失误。

【辨析】

谁不会见死不救呢?这样的说法实在是太可怕了。按照字面的意思,难道是要说:谁都会见死不救的。如果真是这样的话,那将是什么世道?看来,是说话的人把反问句给说反了。反问句字面是否定的,意思是肯定的。比如,例1字面上就是否定,那么意思就是要肯定"见死不救",可是"见死不救"本身带有否定的意思,要用反问句的话,就要采取肯定的形式,说成:谁会见死不救呢?

例2也犯了同样的错误。我们不妨先把例2减缩一下:"你不觉得孩子们不像哪吒吗?"这个句子已经包含了一个双重否定,双重否定意味着肯定,就像数学里的负负得正。反问句又是正话反说,所以,负负得正再加上一个负,结果就是负了。也就是说,这个句子的意思变成了:我觉得孩子们不像哪吒。那不就和原来想说的意思相反了吗？因为"天不怕地不怕"的就是大闹龙宫的哪吒嘛！所以，在一个反问句里，要想表达一个肯定的意思，就只能用一次否定而不是两次。因此，例2就要改成："你不觉得这些天不怕地不怕的孩子们都像神话里的哪吒吗？"

例3原意是用这个反问句来表达一个正面的意思"治好了就是尽责"，可是疑问词的缺失使得整个句子的意思正好相反，变成"治好了不是尽责"了。

反问句本身就是正话反说、反话正说，已经需要很费些脑筋去理解了。所以，句子里面还是不要多次否定的好，否则容易自己把自己搅糊涂。

链接：反问句的特点

反问句的特点是"问"，不过不是"有疑而问"，而是"无疑而问"，形式上是问，其实是有所肯定或者有所否定。字面是否定的，意思是肯定；字面是肯定的，意思是否定。例如：

难道我不担心吗？＝我担心。

我怎么会知道呢？＝我不知道。

从语气上看，反问句比一般的陈述句要有力量，也常常用"难道""岂"等副词来加强语气。

使用反问句并不是说话人心里真的有什么问题要问，只是用疑问句的方式曲折地表达自己的想法，在语气上常常有不满、反驳的意味。

语用病句\方式病句

"无时无刻都在等"是等还是不等?

[病例] 1. 他的老母亲无时无刻都在等他,可是他已经六年没有回家过年了。

2. 我早就通知他这件事情了,他不会不一无所知的。

3. 雷锋精神当然要赋予新的内涵,但谁又能否认现在就不需要学习雷锋了呢?

【诊断】

例1中的"无时无刻"改为"每时每刻"。例2中的"一无所知"应为"知道"。例3中的"否认"应为"说"。双重否定句失误。

【辨析】

"无时无刻都在等"是等还是不等?按照字面的意思是说没有一分钟在等,那不就是没有等吗?这就和句子后半部分的意思不符了。缺少了一个否定词,意思完全就颠倒了。

例2也是如此。"不会不"是一个双重否定的格式来表示肯定,而后面又跟了"一无所知",整个句子的意思就变成否定的了。但是,前面一个分句的意思却是肯定的。这就自相矛盾了。

例3中既有反问句"谁又能……呢",又有双重否定"否认……不"。反问句式是表示否定的,双重否定是表示肯定的,因此整个句子就成了否定:现在大家都认为不需要学习雷锋了。这显然与句子的原意相悖。

上面的三个例子都属于双重否定的误用。在使用双重否定句时，要非常小心句子中的词语是不是已经包含否定的意思，如上述的"无时无刻、一无所知、否认"等，然后再根据整个句子表达肯定还是否定的需要，来决定是否还要使用否定副词。通过这些病句，我们似乎可以得到一点启发：双重否定句里还是不要再过多地夹杂其他否定词语和否定格式为妙。

链接：双重否定与肯定的关系

一句话里用了两个否定词就是双重否定。

双重否定不等于去掉两个否定词后表示的肯定，而是强调肯定，有"必须""一定"的意思。例如："他不会不知道"的意思是"他一定知道""他绝对知道"，而不是说"他会知道"。

"没有"和"不"连用也是双重否定的一种形式，表示所有、全部的意思，强调没有例外。"没有人不知道"就是"所有的人都知道"的意思。

双重否定句和一般表示肯定的陈述句不同，其中包含着说话人更多的主观态度，而不是简单地陈述事实。

"多半儿"的双重含义

[病例] 1. 这家新加坡风味的饭店今天来了很多旅客,这些人多半儿来自新加坡。
2. 表哥最近常去大学上课。

【诊断】

例1中的"多半儿"应为"超过半数"或者"大概"。例2中的"上课"应改为"听课"或者"讲课"。词汇歧义。

【辨析】

例1中的"多半儿"有两个意思:"超过半数"或者"大概",用这两个词语替换"多半儿",例1都可以成立。所以,歧义是存在的,并没有因为上下文而消解。这样的话,人们无法得知这个句子的确切意义,那么,它就是病句了。

例2的意思要看说话人的身份:如果是学生,那么"上课"的意思就是"听课";如果是老师,"上课"的意思就是"讲课"了。

上面的例子都是由于词汇歧义而造成的病句,由于句中某个词语有多种意义,以致整个句子所要表达的意思变得不明朗,从而给读者造成理解上的麻烦。很显然,词汇歧义是由词的多义性而引起的,这是歧义产生的重要原因之一。这类歧义如果添加了合适的语境,歧义是能够消解的。比如例2如果改为"表哥是位建筑学专家,最近经常去大学给学生们上课",歧义就不存在了。

链接：歧义的类型

歧义现象是指一个语言片断可以做两种或者两种以上的语义理解。存在歧义的语义片断必须是同形的，不同形就无所谓歧义。

汉语里的歧义种类很多，可以分为口头歧义和书面歧义。

口头歧义主要是由同音词引起的。例如：

江上驶过来一艘 yóuchuán（游船 / 油船 / 邮船）。

书面歧义比较复杂。从歧义产生的原因来看，可以分为词汇歧义和组合歧义。上面的例子就属于词汇歧义。组合歧义是句子在组合过程中产生的歧义，可以分为语法组合歧义、语义组合歧义和语用组合歧义。

语用病句 \ 方式病句

谁偷偷存了钱？

[病例] 1. 他背着总经理和财务总监偷偷地把这笔巨款存入了两家银行。
2. 这座山虽然不高，但是极其险峻又鲜为人知。爬过这座山的人并不多。

【诊断】

例1中"和财务总监"应为"与财务总监一起"，或者在"偷偷地"之前加上"自己"。例2中的"爬过"应为"攀登过"或者"翻越过"。词性歧义。

【辨析】

例1显然是有歧义的：究竟是谁偷偷地存了钱？是他和财务总监一起存的？还是总经理和财务总监毫不知情，他一个人偷偷去干的？出现这样的歧义，问题就出在句中的"和"字上。"和"作为一个常用的虚词，有时是介词，有时是连词。当介词的时候，和"与、跟"的意思相仿，这时全句的意思就是说：他和财务总监是同谋。当连词的时候，"和"连接两个地位相等的成分，这时候全句的意思就是说：他不让总经理和财务总监发觉，自己去存了巨款。

"爬过这座山"的意思也很不确定：去过这座山，不管爬了多高，都可以说是"爬过"；而到过最高峰，并且翻越了过去，也可以叫作"爬过"。前一种情况中的"过"是"曾经"的意思，是一个动态助词。后一种情况中的"过"则是趋向动词，表示"跨越、经过"的意思。

这两个病例都是由于句中虚词的词性不定而造成了歧

义。由于这些歧义在上下文中无法消解，使句子表意不明确，因而成了病句。

链接：兼类词

一个词在不同的语境中，具有两种不同词类的语法功能，意义上又有密切的联系，就是兼类词。上面提到的"和"就是连词和介词兼类，"过"就是趋向动词和动态助词的兼类词。再比如：

名词和动词兼类的有：电、漆、教练、编辑。

名词和形容词兼类的有：圆、美、方便、热情。

动词和形容词兼类的有：冷、破、端正、满足。

动词和介词兼类的有：在、对、给、比。

连词和介词兼类的还有：同、跟、因为、为了。

兼类词是造成歧义的重要原因之一，由于词性属于语法性质，所以，这类歧义属于语法歧义。我们再看几个由于兼类造成歧义句的例子：

饭不热了。（形容词和动词兼类）

自行车没有锁。（副词和动词兼类）

语用病句\方式病句

她后悔的是什么？

[病例] 1. 父亲跳海，女儿后悔痛骂华仔。
2. 考虑到路上的东西都很贵，妈妈为我准备了一天的干粮。

【诊断】

例1应在"后悔"后加逗号。例2中"准备了一天的干粮"应为"准备了够一天吃的干粮"或者"准备干粮准备了一天"。语法歧义。

【辨析】

报载，一位年轻女士狂热追求香港明星刘德华，其父母随其追星至香港，几近潦倒，其父跳海身亡。之后，我们在报纸上看到了新闻，标题即为"父亲跳海，女儿后悔痛骂华仔"。这个标题令人不解，她后悔的是什么呢？有两种解释：父亲跳海，是因为女儿曾经痛骂华仔，所以，女儿如今后悔曾这样做；父亲跳海了，女儿很后悔疯狂追星，所以，改变态度继而痛骂华仔。等看完新闻，发现记者的意思是后者，如果是这样的话，为什么不在"后悔"的后面加上一个逗号呢？这样就不会产生歧义了。

例2也是一个有歧义的句子，即使借助语境也无法消解：妈妈做的干粮够吃一天的，妈妈一整天都在做干粮。如果两种理解都成立的话，读者就不得不花费更多的精力和时间，来揣摩这句话的真实意思。因而，尽管这个句子在语法上并无不当之处，我们仍旧将其视为病句。

上述两个例子产生歧义的原因，都是在于同一个结构可以有两种不同的语法层次和语法关系。例如,"女儿后悔痛骂华仔"这个结构,可以是"痛骂华仔"作为"后悔"的宾语,两者构成动宾关系;也可以分析为"痛骂华仔"是接连发生在"后悔"之后的一个行为,两者构成连动关系。再如,"准备了一天的干粮"可以是"一天的干粮"作为"准备"的宾语,也可以是"一天"作为"准备"的补语。语法层次的改变往往也伴随着语法关系的改变。

当然,只要我们将上面的句子稍作调整,这样的歧义还是很容易消解的。

链接:句子结构的层次分析法

层次分析法是分析句子结构的一种语法方式。

简单地说,层次分析法就是一层一层地找出直接发生关系的两个语法单位,用这种方法分析句子是如何形成的。例如:"妈妈为我准备了干粮"这个结构,如果我们从大到小分析层次的话,就是:

第一个层次是:妈妈(主语),为我准备了干粮(谓语)。

第二个层次是:为我(状语),准备了干粮(动词短语)。

第三个层次是:准备(动词),干粮(宾语)。

每一个层次的分析都只找出直接相关的两个成分,如果分析的结果已经是一个独用的词语,就不再分析。

借助层次分析法,可以清楚地看到一个句子的语法结构是如何完成的。它也可以帮助我们分析上面例子那样由于层次关系不同而造成的歧义。

语用病句 \ 方式病句

小张为什么紧张?

[病例] 1. 小张今天特别紧张,因为开刀的是他的父亲。
2. 这次全市的作文比赛,我们学校就去了二十几个学生。

【诊断】

例1中的"开刀的"可以改为"主刀的"或者"将要接受开刀手术的"。例2中的"就"可以改为"只",也可以在句末加上一个分句"表现不俗"。语义歧义。

【辨析】

小张为什么紧张?读完整个句子,我们还是不太清楚。是小张要做手术,而主刀医生就是他的父亲?还是因为小张的父亲要接受开刀的手术,他很担心,所以才紧张?这个"开刀的"到底指谁,是有歧义的。这个歧义产生的原因,出在"他的父亲"的语义身上。在这个句子中,"他的父亲"既可以是开刀这个行为的发出者(即语义上的施事),也可以是开刀这个行为的接受者(即语义上的受事)。

例2也有两种理解:这次作文比赛,我们学校去的人不多,只有二十几个;或者,这次作文比赛,参加的学生很多,单单我们学校就去了二十多个。这两种说法之所以会出现,是由于副词"就"意义指向的成分不同。如果"就"指向"我们学校",这时"就"轻读,同时"我们学校"要读得重一点,全句的意思就是说去的人多;而如果"就"指向"二十几个人",这时"就"要重读,全句的意思就是说去的人少了。

在语境的帮助下，我们仍然无法消解上述的歧义，这时我们就认为它们是病句。

链接：语义关系和语义指向

组成句子的词语和词语之间不仅会有语法关系（如：主谓、动宾等），也会有语义关系。"语义关系"是指词语在意义上的关联，汉语中的语义关系是多种多样的，重点是动词和名词性成分之间的关系。其中比较重要的有：

施事（指动作行为的发出者），例如："小猫在睡觉"中的"小猫"。

受事（指动作行为的承受者），例如："小猫逮到了一只大老鼠"中的"一只大老鼠"。

工具（指动作行为的凭借物），例如："璨璨在写毛笔"中的"毛笔"。

方式（指动作行为进行的方式），例如："她会游自由泳"中的"自由泳"。

例1就是由于"他的父亲"既可以指作为医生的开刀者，又可以指作为病人的被开刀者。

"语义指向"通俗地讲就是句子中的一个词语与另一个词在语义上的直接联系。例如：

我吃快一点儿。（"快"指向"吃"，吃快点。）

我吃光了饭。（"光"指向"饭"，饭光了。）

我吃饱了。（"饱"指向"我"，我饱了。）

语用病句\方式病句

一元钱和一万元之差

[病例] 1. 苍天无情人有情,万家企业献万元。
2. 姚明上场,猛龙变虫。
3. 孩子们很喜欢他们的实习老师,一来到这里就有说有笑,十分开心。

【诊断】

例1宜改为"苍天无情人间有情,万家企业各献万元"。例2可改为"姚明一上场,猛龙队变虫"。例3的第二个分句改为"他们一来到这里就与老师有说有笑"或"老师一来到这里就与学生们有说有笑"。语用歧义。

【辨析】

报纸上报道一场慈善募捐演出,观众热情很高,众多企业也纷纷解囊。记者深受感动,写下了这则报道"苍天无情人有情,万家企业献万元"。可是,这个句子却叫人啼笑皆非:万家企业献万元?一万家企业总共才捐献了一万元?那岂不是每家企业只捐了一元钱?细看报道的正文,原来是有万余家企业各捐献了至少万元,也就是说,当晚来自企业的捐款超过了一亿元!看来,"献万元"的前面应该加上"各",这一字之差变成了一元钱和一万元之差,千万小看不得。

报纸上看到这个标题,心中一惊:难道篮球明星姚明球技大跌,已经从一条"猛龙"堕落到"变虫"的地步?赶紧把新闻看完,不禁哑然失笑。原来,这则新闻是说:"火箭客场击败猛龙,姚明状态回升受称赞"。变成"虫"的是火箭队的敌手猛龙队,而姚明在这一战中立有大功。可见,

"猛龙"也好、"虫"也好都并不是指姚明。

例3之所以也有歧义,是因为"来到这里"的主语被省略了。这个省略了的主语既可以蒙前面一个分句的主语"孩子们"省略,也可以蒙前面一个分句的宾语"实习老师"省略。意思也就因此会不一样了。

上述病例都由歧义造成,这种歧义靠语法知识和语义的分析都无法解决问题,也无法借助语境来消解。我们把这种歧义叫作"语用歧义"。

链接:歧义不等于病句

需要特别注意的是,有歧义的句子并不一定就是病句。有很多歧义的句子借助语境是完全可以消解的,也就是说,在上下文中是完全没有歧义的。这时就不能算作病句。例如:

鸡不吃了,都钻到鸡窝里睡觉去了。

鸡不吃了,我吃饱了。

这两个句子都没有歧义。前者是说:小鸡们都吃饱鸡食了;后面一句是说:我吃饱了,不想再吃鸡肉了。这两个句子都是正确的。

只有当我们单说"鸡不吃了",又没有可资凭借的上下文时,它才是病句。

语用病句\方式病句

礼品送给谁?

[病例] 1. 这张精致的剪纸将作为今天得分最高的嘉宾的礼品赠送给他。
2. 同学们提出了很多想法,有的建议去爬山,有的建议去参观博物馆,有的建议去做志愿者。这个意见马上被大家采纳了。

【诊断】

例1全句应改为"今天得分最高的嘉宾将获赠这张精致的剪纸",或者在前面添加一个分句,如"这场比赛张先生得了第一名"。例2中的"这个"应改为"做志愿者的这个提议"。指代不明。

【辨析】

句子里出现代词时,应该先有指代的对象出现。例1中的"他"应该是指"今天得分最高的嘉宾",但在句中却无法落实。不如删去,改为"今天得分最高的嘉宾将获赠这张精致的剪纸"更为明朗。或者在前面添加一个分句,如"这场比赛张先生得了第一名",那么,后面的"他"就有所指了:他即"张先生"。

例2中提到了三种意见,"这个意见"指哪一个,我们不得而知。如果说成"做志愿者的这个提议"的话,"这个"的所指就会非常明朗。否则,也可能认为"这个"是指代其他两种意见的。

"指代不明"是一种典型的指代错误,主要表现是句子中的代词无法准确落实或者落实有误。

链接：指代及其作用

所谓"指代",即指别和代替。汉语中,代词具有指代的功能。句子中的"指代"则是指句子中的名词或者代词,具体指别或代替谁或者什么事物。

指代一般依靠代词和先行词（少数情况下也可以是后行词）的联系把话语的两个部分衔接起来。例如：

李白是唐朝著名的诗人,游历广泛,他去过很多名山大川,不少名胜古迹都留有他的诗篇。

这里,人称代词"他"就是指代"李白","他"与先行词"李白"之间的指代关系把每一个镶嵌着"他"的句子都和含有"李白"的首句衔接了起来,形成了一个完整的结构。

语用病句 \ 方式病句

在哪里借刀杀人？

[病例] 1. 两伊相互支持对方的反对派在各自境内进行活动，意在借刀杀人。

2. 老人在80岁的时候，还清楚地记得哥哥参加学生运动时对自己的评价：一个浪漫主义者。

【诊断】

例1中"各自"应为"其祖国"。例2中的"自己"应改为"他这个弟弟"。一代多指。

【辨析】

例1让人丈二和尚摸不着头脑。"各自境内"究竟指的是哪里？依据上下文，人们不免有两种揣测："各自"可以指"本国"，这时伊拉克反对派的活动在伊拉克，伊朗反对派的活动发生在伊朗；"各自"还可以指"敌国"，这时伊拉克反对派的活动在伊朗，而伊朗反对派的活动则发生在伊拉克了。"各自"一含糊，两个国家反对派的活动地点就乱了套。改为"其祖国"，意思就明朗了，即：反对派都是在自己的祖国进行活动。

例2中的"自己"可以是"哥哥自己"，也可以是"老人自己"。所以，"一个浪漫主义者"就有了两种指称的可能，意思就完全不一样了。

上面的例子都是句中出现了多个需要指称的对象，但是却只有一个代词出现，也就是所谓"一代多指"。"一代多指"容易造成指代混乱，人们需要揣摩说话人的意思，将这个代词分化给不同的对象。这时这个代词需要"分身术",虽然可以"分身",可是形态只有一个,这就不免叫人眼花缭乱了。

链接:代词的活用

"一代多指"在"指代失误"这一类病句中较为常见。问题的症结在于句子中的代词要有明确而具体的指称,而不能模棱两可。

不过,代词在特定的语境下也可以活用。这时它们就没有具体的指称了。如:

谁有空谁去。(任指)

我好像在哪儿见过这个人。(虚指)。

什么参鲍肚翅的,我都不喜欢吃。(例指)

这儿走走,那儿看看。(泛指)

你看看我,我看看你,大家都笑了。(泛指)

语用病句 \ 方式病句

躺在医院的是谁？

[病例] 1. 当他醒来的时候，老朱发现自己躺在一家医院里。
2. 不论他们有没有带钱，医院都要尽力抢救车祸的受伤者。

【诊断】

例1中的"他"和"老朱"应互换位置。例2中的"他们"应替换为"车祸的受伤者"，后一分句中"车祸的受伤者"应删去。指代的对象后置。

【辨析】

按照汉语的习惯，应该先出现指代的对象，再出现代词。例1正好相反，这就可能让人误解："他"就是"老朱"吗？或者"他"和"老朱"是两个不同的人？例1的原义是：老朱醒来的时候，发现自己在医院。这样的话，"他"和"老朱"就是一个人，两个词就应互换位置，意思才能够明朗。

例2也会造成同样的误解。"他们"指谁？车祸的受伤者还是其家属抑或其他相关的人士？病句产生的原因也在于：代词错误地出现在了指代的对象之前，而指代的对象被后置了。由于语言的经济性原则在起作用，一般都是先出现形式上较为复杂的，再出现较为简单的。

链接：汉英在指代词位置上的差异

代词出现在指代的对象的前面，这样的用法在西方语言，例如说英语中是常见的。比如：例1在英文中就可以说成：

When he woke up, Mr. Zhu found himself lying in a hospital.

"Mr. Zhu"出现在代词"he"的后面，意思仍然是明朗的。当然，这个句子英语也可以说成：

Mr. Zhu found himself lying in a hospital when he woke up.

可见，英语中代词和指代的对象谁先谁后并不重要，重要的是指代的对象要出现在主句而不是从句中。

不过，汉语的习惯与此不同，指代的对象一定要先出现。同时由于"当……的时候"是时间状语，只能放在动词之前，所以，汉语并不能像英语的变换形式那样，说成：

老朱发现自己躺在一家医院里，当他醒来的时候。

语用病句\方式病句

"这"和"那"

[病例] 1.远处的山坡上有一棵大树,我便向那里走来。
2.我指着身边的研究生对社长说:"别看那小伙子挺年轻的,办事倒是很老练。你就让他试试吧。"
3.为了研究丹顶鹤的生活习性,他不辞辛苦,哪里发现有新的种群他就到那里去。

【诊断】

例1中的"走来"应为"走去"。例2中的"那小伙子"应为"这小伙子"。例3中的"哪里发现有新的种群他就到那里去"应为"哪里发现有新的种群他就到哪里去"。指示代词误用。

【辨析】

代词"这"和"那"具有指示的功能,用来指示和区别人和事物。这个功能里还包含着很多的空间信息,"这"用于指身边的较近的人和事物,而"那"则表示较远的人和事物。"这"和"那"都有一些表示近指和远指的"亲戚"。

近指代词有:这儿、这里、这边、这么、这会儿、这样、这么样、这些、这么些。远指代词有:那儿、那里、那边、那么、那会儿、那样、那么样、那些、那么些。明白了"这"和"那"里的空间信息,上面病例中的问题就一目了然了。

例1用了"那里",这是表示远指的,那么相应地,就要说"走去",表示远离说话发生地,而不能说表示面向说话者的"走来"。

例2中的研究生就在"我身边",并不远,所以,不能用表示远指的"那",而要改用表示近指的"这",说成"这小伙子"。

例3中的"哪里"是疑问代词,常常活用在"哪里……哪里……"的格式中表示任指,没有具体的指称。没有"哪里……那里……"的说法。

链接:代词的类型和特点

代词是具有替代和指示功能的词。除了以"这"和"那"为代表的指示代词以外,代词还有两个大类:人称代词和疑问代词。

人称代词是替代人或者事物名称的词。例如:我、你、他、它、我们、别人、人家、大家、自己。

疑问代词是用来表示疑惑并提出问题的词。例如:谁、什么、哪儿、几、多少、怎么样、多会儿。

代词并不是按照语法功能划分出来的词类,只是在"指代"这一点上有共同点。有的代词相当于名词,如:我、你、这、那、什么;有的相当于动词或者形容词,如:这样、那样、怎样;有的相当于副词,如:这么、那么、怎么;有的则相当于数词,如:几、多少。

语用病句 \ 方式病句

死而复活的作家

[病例] 1. 中国现代文学馆创建时,巴老曾捐赠15万元。最近,已故女作家杨沫又捐赠了16万元。这是文学馆收到的两笔较大的捐赠。
2. 在孩子成长之前,无论我发生什么意外,你都要记得我为他留了这笔存款。
3. 请您在接到通知书的三天内,接受为期一个月的岗前培训。

【诊断】

例1中"已故女作家杨沫又捐赠了16万元"应为"已故女作家杨沫的家属遵照她的遗愿又捐赠了16万元"。例2中的"成长"应为"长大"。例3"三天内"的后面加上"到本公司报到"。荒谬怪诞。

【辨析】

例1非常怪异。既然女作家杨沫已经故世了,她又如何能到现代文学馆去捐款呢?那样的话,岂不是死而复生了?

孩子无时无刻不在成长,只有长大的一天,没有停止成长的时刻。"孩子成长之前"是何时?估计没有人能回答得了。

三天内如何能完成为期一个月的培训?这只会出现时空可以自由定义的魔幻世界里,显然与我们日常经验中的常理相悖。例3的原意应该是三天内到公司报到,然后才接受为期一个月的岗前培训。三天只是报到的期限,而不是培训的天数。

　　话语是用来表达外部世界和内心世界的，如果所表达的内容根本不存在或者不可能存在，那么，即使句子的语法没有问题，也会让人觉得荒诞怪异、无从理解，从而成为病句。

链接：句子意义的合理性

　　上面的病例从语法上看并没有出现不规范的地方，但是我们仍然认为是病句。这是因为，语法规范提供的只是组织语句意义的结构框架，当我们要在这个框架里进一步填进具体的语义内容时，除了语法的要求外，还必须满足意义上的合理性。

　　合理就是合乎逻辑和常识。如果语义内容不能以一种合乎逻辑的方式组织起来并且与我们的常识相一致的话，我们就认为句子在意义上不合理了。

　　常识从某个角度上讲就是大家公认的事实和逻辑。所以，句子意义的合理性最终体现为句子逻辑的合理性，也就是要符合思维的规律和事实的规律。

语用病句\方式病句

"病入膏肓"的病句

[病例] 1. 仅就建筑而言,最近七八年来,上海是全世界建筑史上同时间进行最庞大的工地。
2. 如此看来,莘莘学子的付出,除了精神上的压力,还需健康的支撑。学习健康的双重要求,还是我们赋予孩子的一种最佳的补偿方式。

【诊断】

上述两例都要做全面的改写。例一可以改为:"最近七八年,上海进行了大规模的城市建设,整个城市变成了一个巨大的工地。在世界建筑史上这样的工地恐怕要算是最大的了。"例2可以改为:"学习不仅会带来精神上的压力,也会对健康造成一定的影响。给孩子们加强营养不仅能强健他们的身体,也会对学习有所帮助。"晦涩无解。

【辨析】

上面的例子可以说是两个"病入膏肓"了的病句:不仅有语法上的问题,语义上也难以理解,还很难明白作者到底想说什么。这样的句子已经到了几乎"不成句"的地步。面对这样的病句,我们只能猜测原作者的大致想法,全面改写,令其文通意顺,不必再迁就原文了。

链接:句子的合格度

句子合格度的高低可以从语言规范的作用有没有得到实现来衡量。病句至少有一种规范没有得到满足,它的意义会有一定程度上的混乱,从而造成理解的困难。所以,句子自身语义理解的难易程度可以作为衡量句子合格度的一个标准。可以大致把句子的合格度分为由高到低的四个等级:

第一,语法错误轻微,语感不敏锐的人可能意识不到句子信息有误,不会发生语义理解上的问题。

第二,语法错误明显,但是某些语法结构有较强的自我调节功能,能自动校正或者补足信息,语义理解不会出现太大的问题。

第三,语法错误较重,但是由于有语境的支持,语义理解还能正常进行。

第四,语法错误严重,以至于语法结构的自我调节功能和语境的介入都无法对信息进行校正和补足,语义理解几乎难以进行。

上面的病例就属于其中的第四种,已经达到了晦涩无解的程度。

针对上述的不同情况,我们需要采取不同的修改方法。第一类病句很容易被忽略,第二、第三类的修改较为简易,第四类往往需要重新撰写。

图书在版编目（CIP）数据

语病百讲 / 李明洁著 . -- 上海：上海文化出版社，
2018.7（2025.10 重印）
　（咬文嚼字文库 . 慧眼书系）
　ISBN 978-7-5535-1252-5

Ⅰ . ①语… Ⅱ . ①李… Ⅲ . ①汉语 — 病句 — 分析
Ⅳ . ① H146.3

中国版本图书馆 CIP 数据核字 (2018) 第 119214 号

语病百讲
李明洁 著

责任编辑：蒋逸征
装帧设计：王怡君

出　　版：上海文化出版社　上海咬文嚼字文化传播有限公司
地　　址：上海市闵行区号景路 159 弄 A 座 2—3 楼
邮　　编：201101
发　　行：上海市闵行区号景路 159 弄 A 座 206 室
印　　刷：上海景条印刷有限公司
规　　格：889×1194　1/32
印　　张：6.75
版　　次：2018 年 8 月第 1 版　2025 年 10 月第 9 次印刷
书　　号：ISBN 978-7-5535-1252-5/H.014
定　　价：29.00 元

告读者：如发现本书有印刷质量问题请与印刷厂质量科联系
电　　话：021-59815621